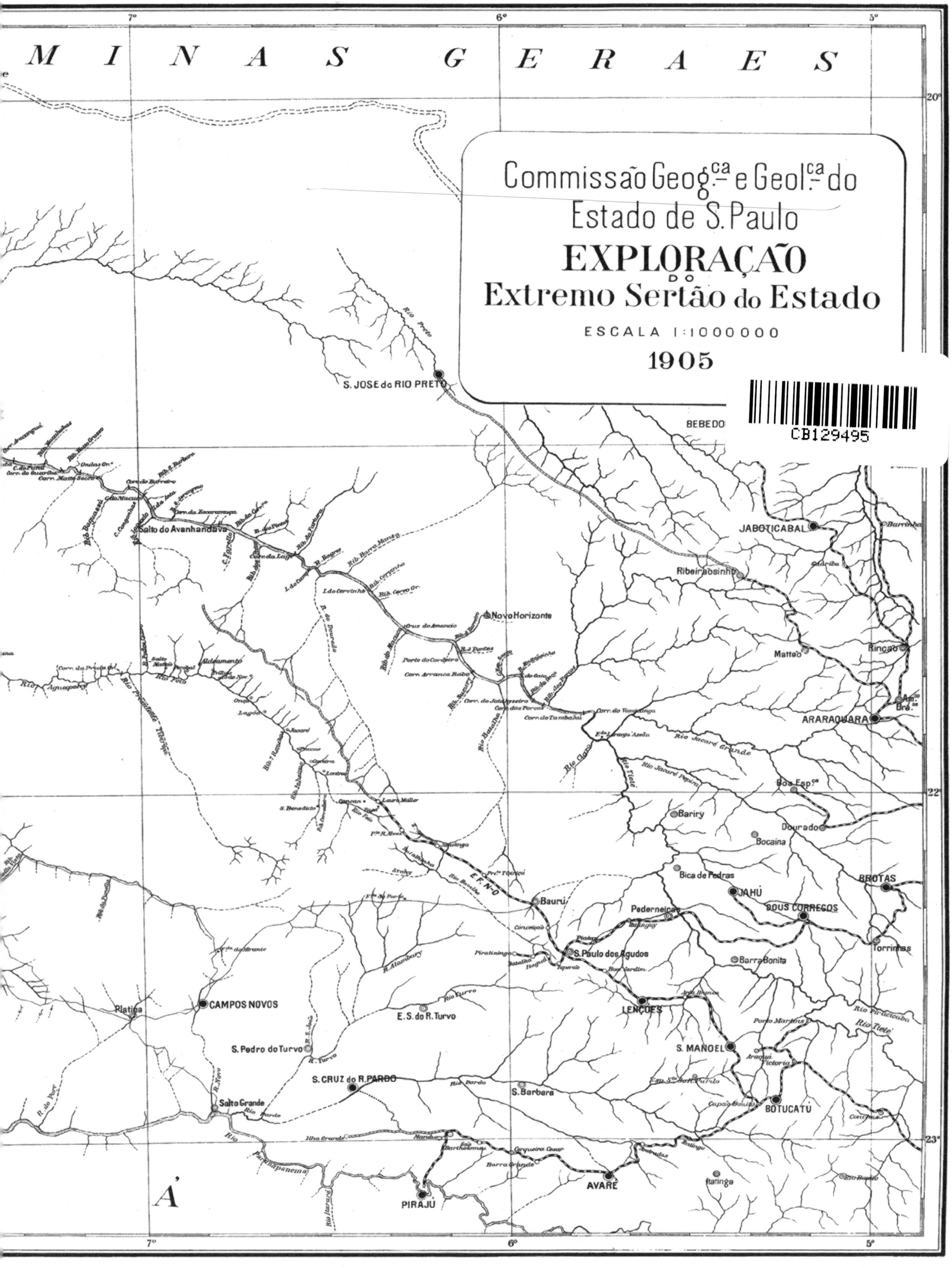

MINAS GERAES
Commissão Geog.ca e Geol.ca do Estado de S. Paulo
EXPLORAÇÃO DO Extremo Sertão do Estado
ESCALA 1:1000000
1905
S. JOSE do RIO PRETO
Rio Preto
Salto do Avanhandava
Novo Horizonte
JABOTICABAL
Ribeirãosinho
Mattão
Rincão
ARARAQUARA
Rio Jacaré Grande
Rio Jacaré Pepira
Rio Tietê
Boa Esp.ca
Bariry
Dourado
Bocaina
Bica de Pedras
BROTAS
JAHU
DOUS CORREGOS
Pederneiras
Bauru
E.F. N.O.
S. Paulo dos Agudos
Barra Bonita
Torrinhas
LENÇOES
S. MANOEL
BOTUCATU
CAMPOS NOVOS
Platina
E. S. do R. Turvo
S. Pedro do Turvo
S. CRUZ do R. PARDO
S. Barbara
Salto Grande
Rio Pardo
Rio Paranapanema
PIRAJU
AVARÉ
Itatinga
Aldeamento
Rio Aguapehy
Rio Feio

Pelos caminhos do
Rio Paraná

Ao longo deste livro, você poderá acessar pelo aplicativo
QR Code do seu celular vídeos e outras imagens.
Se preferir, os links estão disponíveis nas referências

Expediente

Direção geral
Peter Milko

Direção administrativa
Mauro de Melo Jucá

Direção de arte
Roberto Morgan Lopes

Texto
Ana Carolina do Amaral

Produção editorial
Carol Santana

Edição
Peter Milko

Produção gráfica
Mauro de Melo Jucá

Assistentes
Allan Amorim
Ane Ribeiro
Danilo Akira
Gisele Guerreiro

Fotografia
Age Foto Stock
Alexandre Marchetti
Caio Coronel
Carlos Alberto Dutra
Danilo Fiuza
Dreamstime
Edson Grandisoli
Folhapress
Getty Images
Hercule Florence
Joel Rocha
Mariana Carneiro
Marcelo Krause
Neide Barroca
Olavo Santilli
Pulsar Imagens
Ricardo Martins
Victor Meirelles

Vídeo
Ana Carolina do Amaral
Carol Santana
Edson Grandisoli
José Wille
Mariana Carneiro
Ricardo Martins

Mapa
Daniel das Neves

Revisão de texto
Paulo Pompêo

Tratamento de imagem
R V Dias Comunicação

Impressão
BMF Gráfica

www.edhorizonte.com.br

Capa: trecho em que o rio Paraná corre em seu curso natural, em Porto Camargo (PR)
Guardas: mapas retirados do livro "Exploração do rio Paraná"
Páginas 4 e 5: cair da tarde na margem esquerda do Paraná, em Pres. Epitácio (SP)
Páginas 6 e 7: ribeirinho navega na represa formada pela hidrelétrica de Ilha Solteira

Lei de Incentivo à CULTURA

Patrocínio
CTG Brasil

Realização
HORIZONTE educação e comunicação
SECRETARIA ESPECIAL DA CULTURA
MINISTÉRIO DA CIDADANIA
PÁTRIA AMADA BRASIL GOVERNO FEDERAL

Sumário

UHE Ilha Solteira *(acima)* e UHE Jupiá *(abaixo)*, operadas pela CTG Brasil

Fotos: Henrique Manreza/CTG Brasil

É impossível falar dos caminhos do rio Paraná sem mencionar seu potencial hidrelétrico e as usinas Ilha Solteira e Jupiá, que estão entre as hidrelétricas mais importantes do País. Desde 2016, quando obtivemos a concessão, nós, da CTG Brasil, nos orgulhamos de operar duas usinas tão importantes e emblemáticas para o setor elétrico brasileiro.

Além de seu papel estratégico para o sistema elétrico, as usinas têm grande importância para a engenharia e, também, para as comunidades do entorno: foram as primeiras grandes hidrelétricas a serem construídas com mão de obra nacional e trouxeram desenvolvimento socioeconômico para a região.

Mais de cinco décadas depois, a tecnologia evoluiu com rapidez e muitas usinas hidrelétricas maiores foram construídas – incluindo a Usina Três Gargantas, cuja história, teve início na década de 1980, quando engenheiros chineses da China Three Gorges Corporation (CTG) vieram aprender com engenheiros de Itaipu, também localizada no rio Paraná – um intercâmbio de experiências que deu origem à maior hidrelétrica do mundo e a uma história de cooperação sino-brasileira que permanece até os dias de hoje.

Um exemplo disso é o projeto de modernização de Jupiá e Ilha Solteira que iniciamos, em 2017. É o maior projeto de modernização de usinas em andamento no Brasil, com investimentos de cerca de R$ 3 bilhões. Nesse processo, reforçamos a união de talentos e conhecimentos brasileiros e chineses, em busca de mais eficiência e inovação, características que fazem parte da nossa história e da nossa origem.

Desde 2013, quando chegamos ao Brasil, temos vivido experiências únicas, que reforçam as nossas escolhas, missão e atuação. Encontramos aqui o potencial natural e humano que possibilita investir e crescer, dando forma à nossa missão de produzir energia limpa para a sociedade por meio de projetos que estejam em harmonia com o planeta. Nesses nossos cinco anos de atuação, já alcançamos uma posição de destaque: somos a segunda maior geradora privada de energia do País.

Queremos continuar desempenhando um papel relevante no desenvolvimento da sociedade e da economia brasileira, gerando empregos para as comunidades locais, preservando os recursos naturais e contribuindo para uma matriz energética mais limpa. Estamos abertos a aprender, compartilhar e descobrir novas possibilidades para melhorar continuamente nossas práticas, construindo e fortalecendo parcerias duradouras.

Apoiar um livro que leva as pessoas a viajarem "Pelos caminhos do rio Paraná", mergulhando na história de um dos rios mais importantes do País, é uma forma de contribuir com a cultura e com o patrimônio histórico da região. Boa leitura!

Introdução

Ele não é de fazer barulho ou aparecer no noticiário a toda hora. De águas abundantes, mas tranquilas, o rio Paraná é discreto.

Talvez você já tenha atravessado alguma ponte por cima dele, passando de São Paulo para Mato Grosso do Sul, do Brasil para o Paraguai.

A extensão das pontes dá pistas, porém nem de longe entrega o tamanho do rio: ele corre por 4.880 quilômetros. Desde seu nascimento, até a foz no estuário do Prata, o Paraná é o oitavo maior rio do mundo em extensão. E é o segundo maior da América do Sul, ficando atrás apenas do rio Amazonas e seus 6.400 quilômetros.

Quem sabe, talvez você já tenha caminhado pelas suas margens, pés descalços, até as pedrinhas mais molhadas avisarem, de antemão, que as águas não estão tão geladas como poderiam parecer. Elas costumam nos receber com a temperatura agradável, de fria a quase morna.

Anfitriãs de primeira classe para um banho de rio, as águas do Paraná também sabem receber todo tipo de convidado: acolhe uma biodiversidade de mais de 600 espécies de peixes em sua bacia hidrográfica, atrai pescadores, mergulhadores e turistas, transporta a

produção agrícola e mineral que prospera às suas margens e ainda gera energia a partir de cinco usinas hidrelétricas ao longo do curso do rio.

Enquanto as águas fluem com generosidade e distribuem recursos, as margens dão ordem, direção e limites. Por onde passam, vão marcando fronteiras e legislando sobre as terras. Estabelecem fim e início, reservam-se o direito de ter matas ciliares protegidas, colocam-se no meio de uma guerra, se for preciso.

As margens do Paraná nascem marcando uma tríplice divisa entre São Paulo, Minas Gerais e Mato Grosso do Sul. Seus rios formadores, Grande e Paranaíba, também desenham os limites entre São Paulo e Minas, assim como entre Minas e Goiás.

E ele segue contornando o Mato Grosso do Sul e desenhando o estado de São Paulo até seu bico, a partir de onde batiza o estado do Paraná.

No encontro com o rio Iguaçu, uma tríplice fronteira famosa e renomada pela história descarta qualquer coincidência. Ali, depois de uma guerra e vários conflitos, Brasil, Argentina e Paraguai compartilham a abundância de recursos e serviços das águas do Paraná. Contornos geográficos, políticos e históricos foram desenhados pela diplomacia do rio.

Rio Paraná

A bacia hidrográfica do Paraná, no Brasil, abrange partes do Distrito Federal e de mais seis estados, com área de 800 mil km². Sua bacia integral, que envolve áreas de outros países, atinge 1,5 milhão km². Já a bacia do Prata reúne as do Paraguai, Paraná e Uruguai. Os dois últimos rios deságuam no oceano Atlântico, no estuário do Prata, em frente a Buenos Aires, capital da Argentina.

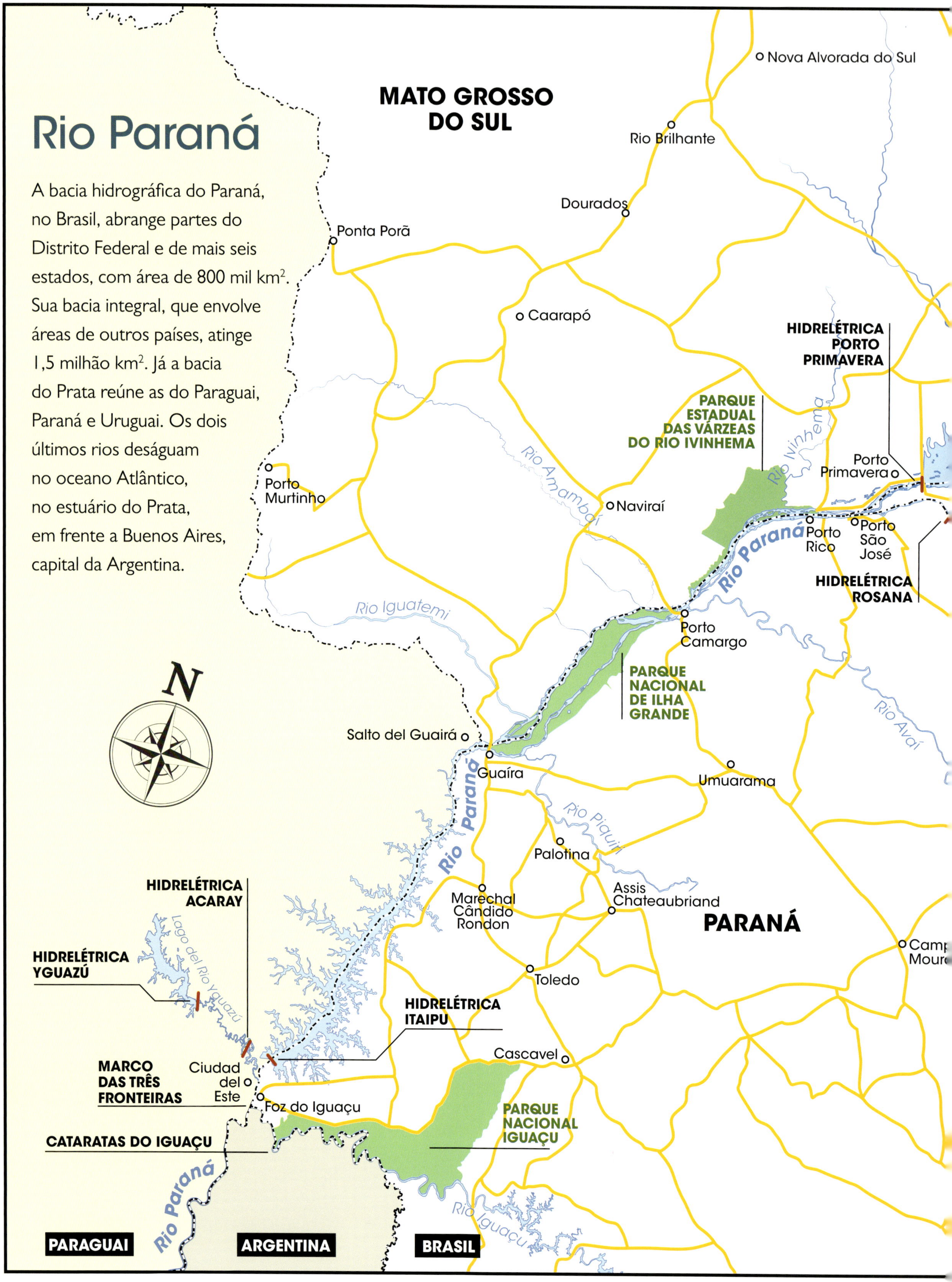

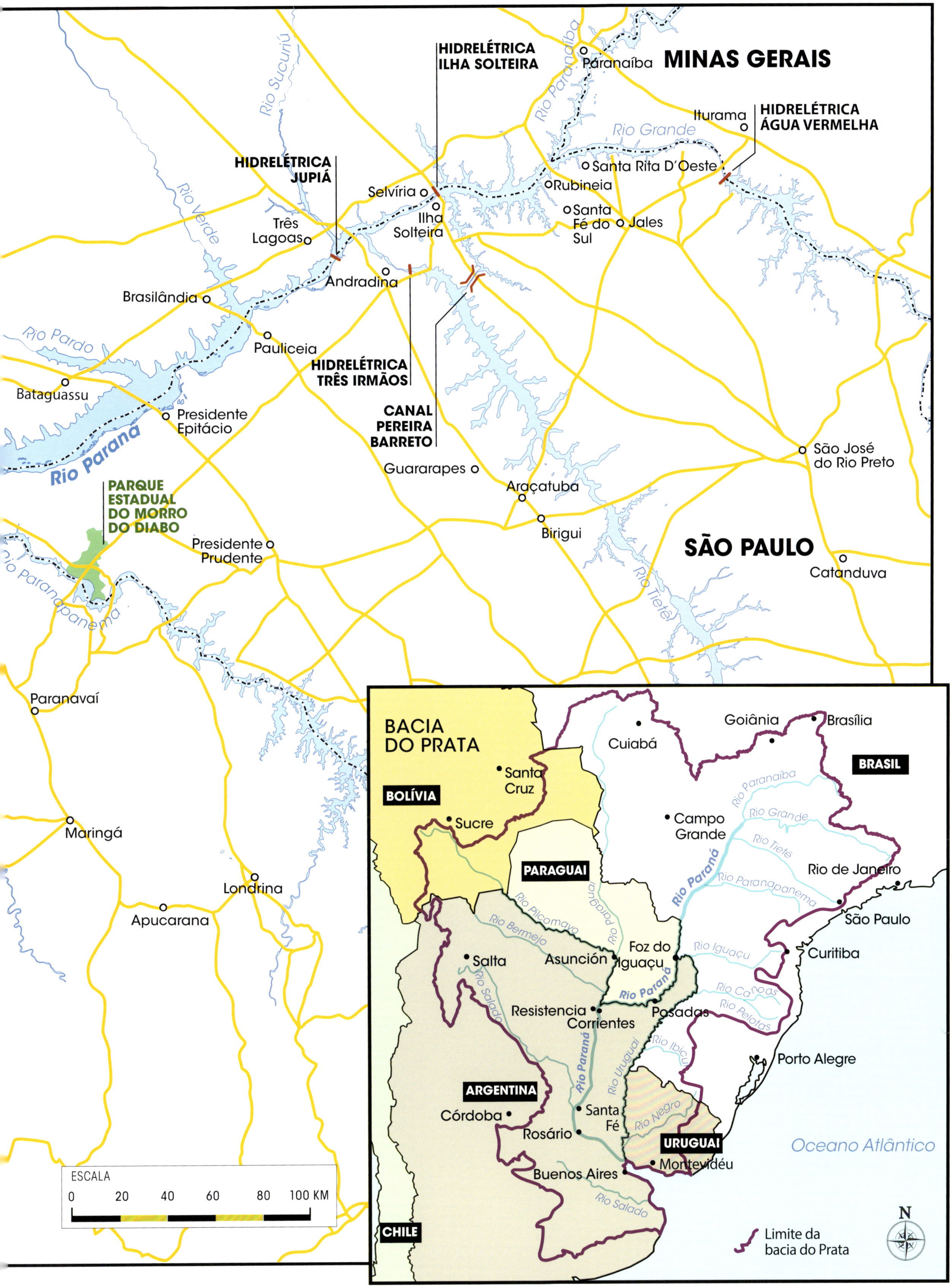

MINAS GERAIS
HIDRELÉTRICA ILHA SOLTEIRA
HIDRELÉTRICA ÁGUA VERMELHA
HIDRELÉTRICA JUPIÁ
HIDRELÉTRICA TRÊS IRMÃOS
CANAL PEREIRA BARRETO
PARQUE ESTADUAL DO MORRO DO DIABO
SÃO PAULO
Paranaíba
Iturama
Rio Paranaíba
Rio Grande
Rio Sucuriú
Rio Verde
Rio Pardo
Rio Paraná
Rio Paranapanema
Rio Tietê
Santa Rita D'Oeste
Rubineia
Selvíria
Ilha Solteira
Santa Fé do Sul
Jales
Três Lagoas
Andradina
Brasilândia
Pauliceia
Bataguassu
Presidente Epitácio
Guararapes
Araçatuba
Birigui
São José do Rio Preto
Catanduva
Presidente Prudente
Paranavaí
Maringá
Londrina
Apucarana
ESCALA
0 20 40 60 80 100 KM
BACIA DO PRATA
BOLÍVIA
Santa Cruz
Sucre
PARAGUAI
Cuiabá
Goiânia
Brasília
BRASIL
Campo Grande
Rio Paranaíba
Rio Grande
Rio Tietê
Rio Paraná
Rio Paranapanema
Rio de Janeiro
São Paulo
Curitiba
Rio Iguaçu
Rio Canoas
Rio Pelotas
Rio Pilcomayo
Rio Bermejo
Rio Paraguai
Foz do Iguaçu
Asunción
Salta
Rio Salado
Resistencia
Corrientes
Posadas
Rio Ibicuí
Rio Uruguai
Porto Alegre
ARGENTINA
Córdoba
Santa Fé
Rosário
Rio Negro
URUGUAI
Oceano Atlântico
Montevidéu
Buenos Aires
CHILE
Limite da bacia do Prata
N

Como o gigante nasce

Persistir no tempo e no espaço exige força, resiliência e um tanto de cumplicidade da terra ao redor. Muito antes de surgir como rio, o Paraná foi gestado pela terra há 400 milhões de anos.

Sob o leito dos rios que formam a segunda maior bacia hidrográfica da América do Sul, sustenta-se uma bacia geológica formada na pré-história a partir do acúmulo de sedimentos entre as eras Mesozoica e Paleozoica em uma região de vale, consolidada após períodos de intensas atividades vulcânicas.

Entardecer no Paranazão, nome carinhoso pelo qual o rio é conhecido *(págs. anteriores)*

Com largura máxima superando 9 km, o rio represado recebe águas de vários estados

O clima quente e úmido, com chuvas frequentes e distribuídas ao longo do ano, acelerou o desgaste das rochas e a formação de uma 'depressão ovalada' na região, rica em argila, basalto, calcário, cobre, ouro, ametista, arenito, carvão mineral, gás natural, urânio, betume, dentre outros.

O grande pacote de areia e cascalho existente no canal do rio Paraná – explorado atualmente por mineradoras ao longo do rio – foi herdado de uma época com clima árido, há dezenas de milhões de anos.

No entanto, há cerca de 3.500 anos, o clima mais ameno permitiu o estabelecimento da mata pluvial que ainda vemos em alguns trechos preservados da região.

A depressão cercada por rios de planalto e as serras do Mar e da Mantiqueira permitiu – ou obrigou – que toda gota de água a cair sobre uma bacia ocupante de 10% do território brasileiro termine por desaguar no rio Paraná.

Assim, águas que passeiam por Minas ou Goiás e até a chuva que resolve cair em Brasília terminam virando águas do Paraná. E mesmo o rio Tietê, que nasce próximo do Atlântico, recusa-se a terminar em mar e se curva ao Paraná, atravessando o interior de São Paulo, enquanto se filtra, para encontrar a margem do estado e entregar águas limpas ao gigante discreto – para os mais íntimos vizinhos, o Paranazão.

Com área total de 1,5 milhão de quilômetros quadrados, sendo 820 mil quilômetros no Brasil, a bacia hidrográfica abrange seis estados brasileiros e mais o Distrito Federal: Goiás, Minas Gerais, São Paulo, Mato Grosso do Sul, Paraná e Santa Catarina. Embora distante do rio Paraná, esse último estado empresta parte de seu território para a bacia do rio Iguaçu, que por sua vez deságua no rio Paraná.

Além do Tietê e do Iguaçu, o rio Paraná recebe águas de outros afluentes importantes, como o Paranapanema, o Suruí, o Verde, o Pardo. Ao drenar boa parte do centro-sul da América do Sul, posiciona-se como segundo maior rio em extensão do continente, atrás somente do Amazonas, e o décimo maior rio do mundo em vazão (medida na sua foz, no estuário do Prata, entre Buenos Aires e Montevidéu).

E já é assim, agigantado e abundante, que ele nasce. Nada de mina d'água escondida na mata. Depois de todo o preparo subterrâneo de milhões de anos, o rio Paraná já se revela por inteiro ao nascer do enorme encontro de águas do rio Grande, que vem cortando Minas Gerais, com o rio Paranaíba, que desce pelo centro do país separando Minas de Goiás. Mas é verdade que hoje o que se vê é o encontro de duas represas, formando uma maior ainda, dando início ao Paranazão.

A ponte pênsil Affonso Penna, sobre o rio Paranaíba, foi inaugurada em 1912. Sua estrutura metálica foi importada da Alemanha. Fica entre os municípios de Araporã (MG) e Itumbiara (GO)

O encontro marca outra tríplice divisa. Todo o chão que vai da margem do rio Paraná até o Grande é paulista. Entre o Grande e o Paranaíba, solo mineiro. Do fim do Paranaíba para o início do Paraná, a terra é sul-mato-grossense.

PISTAS DO CONTINENTE ÚNICO

Entre o final do século 19 e início do século 20, fósseis encontrados às margens do rio Paraná e seus afluentes pelo geólogo alemão Reinhard Maack ajudaram a consolidar a teoria da Pangeia (do grego, terra única), hoje universalmente aceita.

Esses fósseis foram identificados como semelhantes aos achados em outros continentes do Hemisfério Sul, em especial na costa oeste da África, atual Namíbia. Isso ajudou a reunir provas de que a América do Sul estava unida ao continente africano, muito tempo atrás, junto das demais porções de terra do globo, formando um continente único. Descrita na teoria da deriva continental, precursora da atual teoria tectônica de placas, a teoria da Pangeia indica que há 250 milhões de anos existia uma única extensão de terra no planeta, e todos os continentes teriam derivado da lenta separação desse território.

Rio Grande, abaixo da usina hidrelétrica Furnas, em São José da Barra (MG)

II Vista da confluência dos rios Grande, de águas mais escuras, e Paranaíba, para formar o rio Paraná.

Ele já nasce como represa, e só vai correr pelo seu leito natural no estado do Paraná

OS POVOS QUE HABITARAM A REGIÃO

Diferentes culturas habitaram as margens do Alto e Médio Paraná desde a pré-história. Restos arqueológicos indicam comunidades caçadoras e também lavradoras na região.

Com abundância de água e de peixes, o rio matava a sede, fornecia alimento e banho para as primeiras populações humanas. Escavações nas últimas décadas encontraram materiais da cultura tupi-guarani e também das tradições umbu e humaitá.

Seta ou ponta de dardo, encontrado no sítio arqueológico Terra do Sol Nascente, em Iepê (SP)

Os restos arqueológicos dos tupis-guaranis foram encontrados a apenas 40 centímetros de profundidade, indicando que eles viveram às margens do Paraná por volta de 1.000 anos atrás. Eram lavradores seminômades e teriam habitado o local por quatro ou cinco anos, construindo cabanas e formando aldeias.

A marca que a tradição guarani deixou para os arqueólogos foi a decoração corrugada nas cerâmicas. Eles as produziam a partir de roletes: primeiro faziam um rolo com a argila, como se fosse uma cobra, e depois iam formando um círculo com a extensão do rolo, sobrepondo camadas em espiral. Ao pressionar as camadas umas sobre as outras, a técnica permite ver a união dos roletes entre as impressões dos dedos ou outro instrumento. O método é típico dos guaranis, que habitaram as margens do Paraná em diversos pontos da sua extensão.

Outra marca deixada pelos antigos guaranis são as urnas feitas de cerâmica e usadas para sepultamento. Elas são consideradas de uso restrito, pois eram produzidas exclusivamente para ritos religiosos ou sociais e não podiam ter outra função.

Os outros tipos de cerâmicas usadas pelos guaranis são as utilitárias e as especiais. Enquanto as utilitárias eram compartilhadas e se destinavam a qualquer uso do dia a dia, como para cozinhar; já as especiais, com forma e decoração bem marcadas, eram de uso particular e guardavam produtos, geralmente elementos de difícil reposição.

As formas das vasilhas variavam entre tigelas abertas rasas, jarros, vasilhas semiglobulares, globulares esféricas e igaçabas (urnas funerárias). A decoração tinha diferentes pinturas em vermelho, preto ou branco.

Frei Pacífico explica como índios guaranis utilizavam urnas funerárias

Marcas concentradas em uma porção do solo e outras distribuídas pelo território deixaram pistas de que as grandes aldeias podiam ser formadas por mais de dez cabanas, dispostas em círculo ou adquirindo forma alongada. Eram construídas em topos ou encostas suaves, com cursos de água nas proximidades.

Em aldeias de 2 mil a 10 mil metros quadrados, com algumas exceções que chegaram a ultrapassar os 20 mil metros quadrados, abrigavam populações indígenas de 500 a 3 mil pessoas.

Encontrar peças inteiras, como ocorreu na região, é fato raro. Máquinas, como arados, costumam danificar os objetos em áreas agrícolas.

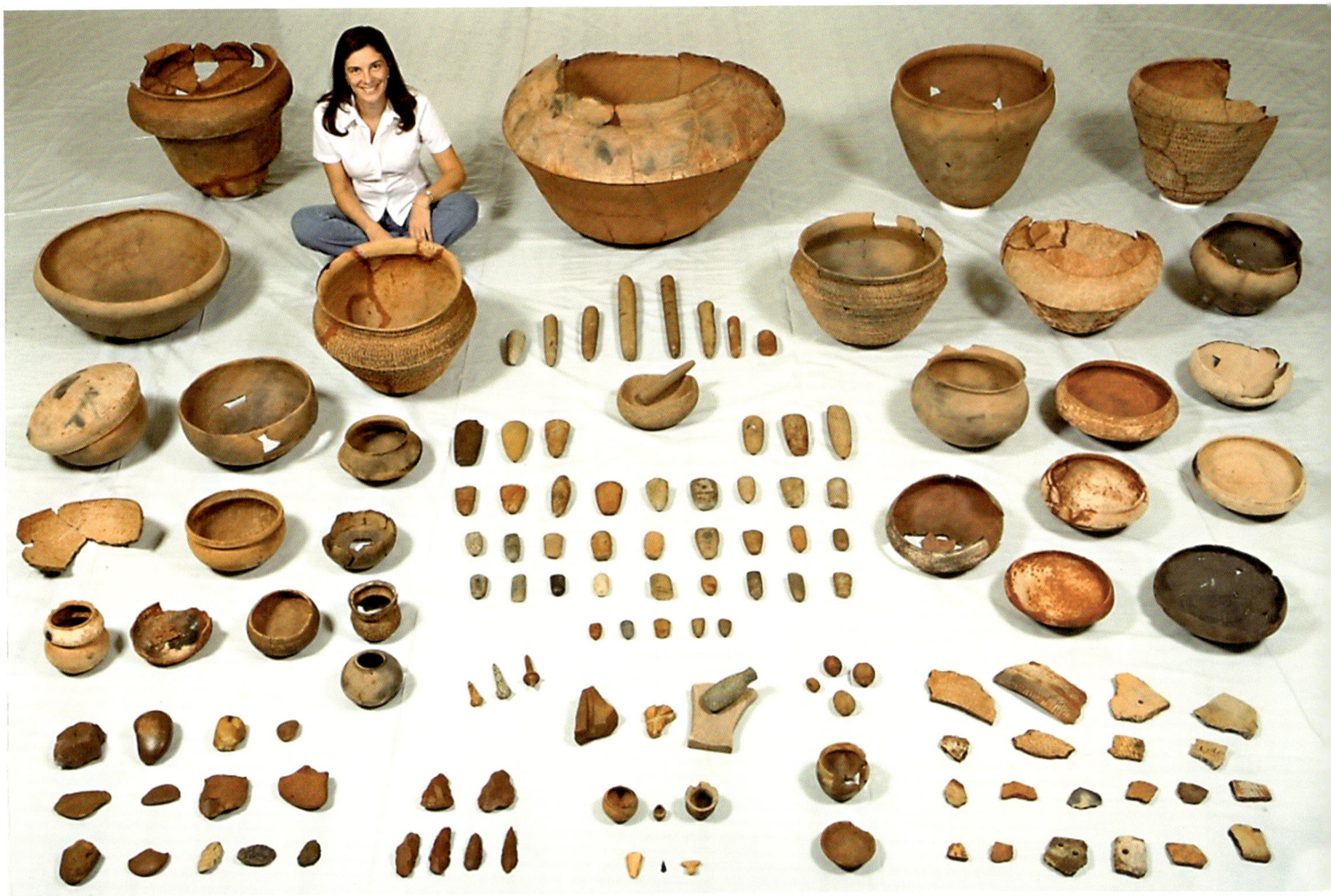

Pesquisadores realizaram escavações em sítio arqueológico às margens do rio Paranapanema *(ao lado)*. O Museu de Arqueologia de Iepê (SP) guarda peças de cerâmica e pedra produzidas por índios guaranis *(acima)*

ALÉM DOS TUPIS-GUARANIS

Os mais antigos povos da região faziam pleno uso das pedras lascada e polida. Arqueólogos encontraram diversos fragmentos, que indicam desde lâminas de machados até pilões, passando por pontas de projétil, furadores e raspadores.

Encontrados entre 1,2 e 3,5 metros abaixo da superfície, eles podem ter pertencido às tradições umbu e humaitá, relativa a povos caçadores e coletores nômades mais antigos.

Os humaitás viveram há mais de 8 mil anos mais ao sul do estado de São Paulo, como também na Argentina e no Uruguai. Os vestígios mais recentes são de 1.600 anos atrás. Já os umbus são considerados herdeiros dos primeiros habitantes do Brasil e deixaram seus vestígios em alguns poucos sítios arqueológicos. Teriam vivido nas florestas, próximo a grandes rios.

Há indícios de que os caçadores-coletores conviveram com grupos que dominavam a agricultura e as técnicas ceramistas. Os estudos arqueológicos indicam que os caçadores e coletores tenham cultivado plantas e aprendido técnicas de cerâmica, o que sugere uma continuidade cultural.

Às margens do Paraná, os povos antigos procuravam construir suas habitações em barrancas – aonde as enchentes anuais do rio não chegariam. Próximo do local de pesca, onde coletavam peixes e moluscos, também recolhiam seixos para produção de instrumentos lascados e polidos, assim como para dar suporte às panelas no fogo. As barrancas ainda forneciam argila de qualidade para produção das cerâmicas. Ali ancoravam suas canoas em segurança.

As barrancas também eram estratégicas para provimento de madeira e para a caça, permitindo cultivos permanentes. A proximidade com o rio marca definitivamente a forma de vida dos grupos ceramistas, que sobreviveram sobretudo do cultivo das lavouras. Contando com a diversidade de nutrientes, tinham uma alimentação completa com os cultivos de mandioca, milho, amendoim, batata-doce, algodão, feijão, o abacaxi e o tabaco. Também sabiam conservar produtos como milho e mandioca que, na forma de farinha, era consumida o ano inteiro.

Ponta de flecha da tradição umbu

O Alto Paraná foi uma importante rota migratória para diversos caçadores-coletores-pescadores pré-históricos. Estima-se que a diversidade de etnias que habitaram a região foi muito maior do que a registrada. Por exemplo, há poucos vestígios arqueológicos da etnia ofaié, que só começou a ser estudada no início do século 20.

De cultura nômade, os ofaiés ocuparam diversas porções do território sul-mato-grossense, desde a foz do rio Verde até a foz do Ivinhema. Durante a estação da seca, viviam em cabanas próximas às margens do rio. Os campos eram deixados de lado por causa dos

Nas gravuras de Jean-Baptiste Debret, a variedade de cabanas encontradas no Brasil do século 19

Arlindo, já falecido, em foto de 1986. Foi da etnia ofaié, estimados em 2 mil indivíduos no início do século 19. Hoje, não chegam a 100

mosquitos e carrapatos. A seca era a estação da pesca e de grandes festas religiosas.

Já na estação da cheia, a população debandava para o interior da mata em caça a animais. Sem paradeiro certo, faziam abrigos provisórios para passar a noite. Nos dias mais frios, faziam um buraco no chão para se aquecerem. Para eles, casa e terra eram sinônimos. Mesmo quando deixavam suas casas para caçar, continuavam em casa. Moravam na terra.

Povos originários persistiram na ocupação das margens do Paraná e, ainda que a maior parte da população indígena tenha desaparecido após a colonização europeia, e, posteriormente, pela ocupação do interior do país por grileiros, latifundiários e exploradores de recursos minerais, os guaranis ainda resistem e ocupam algumas terras, especialmente na porção paranaense do rio. Nos países vizinhos, o Paraguai é o que manteve a maior ligação com essa etnia, cujo idioma é falado por grande parte da população.

Ilustração de uma seriema, baseada em desenho de Hercule Florence

DE RIO INDÍGENA A RIO COLÔNIA

Até a primeira metade do século 18, o rio Paraná esteve a serviço da Espanha. Pelos termos do Tratado de Tordesilhas, assinado entre Portugal e Espanha em 1494, todo o rio Paraná ficava no lado espanhol do meridiano de Tordesilhas.

Os espanhóis chegaram primeiro. Liderados por Pedro de Mendonza, eles já exploravam o baixo curso do rio Paraná em busca de metais preciosos no início dos anos 1500, enquanto os portugueses chegavam ao Brasil pelo litoral atlântico.

Os missionários espanhóis subiram os rios Paraná e Uruguai ainda nas primeiras décadas do século 16 e fundaram as Missões dos Sete Povos, catequizando índios guaranis pelo Paraguai, nordeste da Argentina e da faixa leste dos atuais estados da região Sul do Brasil.

Mas foi a descoberta das minas de prata na região do Potosí, na Bolívia, que catapultou a importância do rio Paraná – e veio a batizar sua bacia hidrográfica como bacia do Prata.

Pelo rio Paraná, os espanhóis faziam o escoamento da prata até a Argentina – cujo nome deriva de argentum, que em latim significa prata. Investiam pesadamente em um bloqueio naval para evitar que grandes impérios como Inglaterra, França e Holanda tentassem invadir as minas de prata.

Os colonizadores ouviam os índios mencionarem uma extensa trilha indígena que ligava o litoral de São Paulo ao império inca nos Andes, através do rio Paraná. Era chamada de Peabiru (na língua tupi, "pe" – caminho; "abiru" – gramado amassado) e usada por diferentes culturas indígenas para migração, trocas e até guerras.

Relatos afirmam que em 1524 essa trilha foi utilizada pelo português Aleixo Garcia em uma expedição com 2 mil indígenas carijós para saquear ouro, prata e estanho do império inca, no Peru.

"Pouso no Sertão", obra atribuída a Aurélio Zimmermann, baseada em desenho de Hercule Florence

Outra expedição, comandada por Martim Afonso de Sousa, partiu de Cananeia em 1531, mas desapareceu na chegada a Foz do Iguaçu. Eles teriam sido atacados por guaranis. Antes, no caminho, descobriram os campos de Curitiba, onde a capital do Paraná seria fundada.

O rio Paraná compôs diversas trilhas usadas por indígenas, jesuítas e bandeirantes. No início do século 17, a procura de mão de obra levou bandeirantes paulistas à região do Alto Paraná em busca de índios guaranis, provocando êxodo em massa de indígenas sobreviventes, ajudados por jesuítas a procurarem refúgios distantes.

Preocupados com os constantes ataques de bandeirantes paulistas, jesuítas espanhóis enviaram cartas ao papa denunciando as atrocidades, que haviam destruído "sem piedade e com crueldade nunca ouvida, uma das mais numerosas e floridas províncias", conforme relatava trecho de uma das cartas. Outra delas, de 1652, um jesuíta diz que eram "provocados a cada ano pelos portugueses do Brasil, que vinham à mão armada em busca de levá-los [os indígenas]".

Os apelos levaram o papa Urbano VIII a publicar um breve comunicado em que excomungava todos os que buscavam aprisionar

"Encontro de Monções no Sertão", de Oscar Pereira da Silva, baseado em desenho de Hercule Florence

"Desencalhe de Canoa", obra atribuída a Zilda Pereira, baseada em desenho de Hercule Florence

indígenas. A bronca, no entanto, não pareceu ter surtido nenhum efeito sobre os bandeirantes, que continuaram com suas expedições.

DAS MINAS PARA O CAFÉ

O ciclo da mineração, com intensa busca por ouro e prata, movimentou as últimas décadas do século 17 na capitania paulista. Para abastecer regularmente os garimpos no Mato Grosso, as autoridades da colônia portuguesa estruturaram um sistema de transporte fluvial para pessoas e mercadorias. Aqui, o rio Paraná ajudou não só a diminuir as distâncias entre São Paulo e Mato Grosso, mas também a evitar territórios hostis, onde aldeias indígenas como as das etnias guaicuru e caiapó resistiam à colonização. Elas eram vistas como obstáculos para os mineradores. O ciclo da mineração, também conhecido como "monções", durou até o final do século 18.

A região do Alto e Médio Paraná é tida nos mapas como "sertão desconhecido" até o final do século 19, quando a ocupação humana às margens do rio Paraná aparece associada à criação de vias de comunicação para transporte de gado entre o sul do Mato Grosso e o litoral de São Paulo e Rio de Janeiro. No início do século 20, formavam-se as primeiras estradas boiadeiras, portos fluviais para transporte de gado e lenha (consumida nos navios a vapor) e entrepostos comerciais.

Enquanto isso, o café estimulava a expansão ferroviária e os trilhos da Alta Sorocabana e Alta Paulista cruzavam o oeste paulista e o sul-mato-grossense. E ela, por sua vez, atraía populações para o oeste paulista – fosse para trabalhar nos trilhos ou nos cultivos agrícolas que por eles seriam transportados.

Em 1909 foi construída a via de transporte de gado que partia de Vacaria por estrada, atravessava o rio Paraná de balsa – entre o Porto XV e o Porto Tibiriçá, na altura do atual município de Bataguassu (MS) – e seguia em direção a Conceição de Monte Alegre, onde encontrava a ponta de trilhos da Estrada de Ferro Sorocabana.

NASCEM VILAS RIBEIRINHAS

As primeiras cidades às margens do Paraná surgem incentivadas pelos portos e ferrovias, cujas construções atraíram mão de obra de imigrantes. As colônias reuniam imigrantes europeus e asiáticos, incluindo húngaros, japoneses, tchecos e alemães.

Nordestinos – principalmente cearenses e baianos – também se deslocaram para a região da Alta Sorocabana a partir dos anos 1940. Com experiência em navegação no rio São Francisco, eles chegaram para trabalhar com os transportes fluviais.

Registros de depoimentos dos imigrantes dão conta de que eles conseguiam manter vínculos culturais com suas origens, organizando-se

Imagem do terreiro para secar o café, de 1895, do fotógrafo Axel Frick, mostra etapa importante da produção cafeeira em fazenda no estado de São Paulo

Carga de erva-mate da empresa Matte Larangeira, pronta para ser escoada pelo rio, no início do século 20

em colônias que, por conta própria, mantinham escolas para ensinar seus idiomas para as crianças, além do português.

No entanto, a partir de 1938, uma política nacionalista do governo Getúlio Vargas passou a proibir o ensino de línguas estrangeiras e até a conversa nesses idiomas em locais públicos, fruto do alinhamento aos Aliados na Segunda Guerra Mundial. O controle e a vigilância sobre as colônias também aumentaram no período, caracterizado por preconceitos, desconfiança e violência do Estado contra imigrantes.

Apesar das dificuldades da época, a vida às margens do Paraná na primeira metade do século 20 era de intensa relação com o rio em seu estado natural: com cachoeiras, correntezas, pedras, ilhas e muitas curvas sinuosas.

Porém, a segunda metade do século 20 também mudaria para sempre o destino do rio Paraná. Se até aqui ele corria livre, a partir dos anos 1970, o Paranazão passa a ter grande responsabilidade em mover o país.

Descobriram uma nova vocação para o rio.

A expedição de 1905

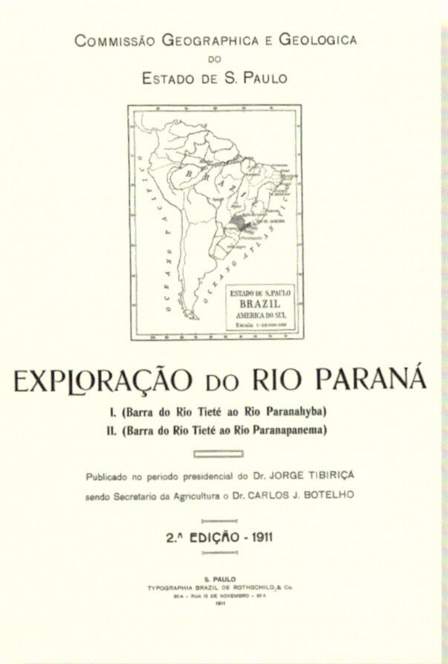

COMMISSÃO GEOGRAPHICA E GEOLOGICA
DO
ESTADO DE S. PAULO

EXPLORAÇÃO DO RIO PARANÁ

I. (Barra do Rio Tieté ao Rio Paranahyba)
II. (Barra do Rio Tieté ao Rio Paranapanema)

Publicado no periodo presidencial do Dr. JORGE TIBIRIÇÁ
sendo Secretario da Agricultura o Dr. CARLOS J. BOTELHO

2.ª EDIÇÃO - 1911

S. PAULO
TYPOGRAPHIA BRAZIL DE ROTHSCHILD & Co.
30 A - RUA 15 DE NOVEMBRO - 30 A
1911

A Comissão Geographica e Geológica do Estado de São Paulo montou uma expedição para mapear, fotografar e conhecer mais de perto os aspectos geográficos e geológicos do rio Paraná, no início do século 20. O resultado foi publicado no livro "Exploração do Rio Paraná", em 1907, com segunda edição em 1911 *(esquerda)*. Receberam especial atenção as quedas de Urubupungá *(abaixo)*, cujo desnível viabilizou, mais de 60 anos depois, a instalação das usinas Ilha Solteira e Jupiá. Os integrantes da expedição se alimentavam de peixes, como o jaú *(à direita)*.

Águas que movem o país

Uma das primeiras personalidades nacionais que previram o potencial energético do rio Paraná foi ninguém menos que Euclides da Cunha. Ainda na primeira década dos anos 1900, o jornalista - que ficou para a história ao registrar a Guerra dos Canudos no livro "Os Sertões"- partia em direção à Amazônia.

No seu trajeto para a maior floresta tropical do mundo, ainda desconhecida e pouco explorada, Euclides passa pelo rio Paraná e se depara com o impressionante movimento das suas águas, que mereceu registro no livro "À Margem da História", ainda que esse fosse dedicado aos imensos rios amazônicos.

> *"Os terrenos compreendidos entre as duas quedas, Urubupungá no Paraná e Itapura no Tietê, distantes uma légua, são a base vindoura do mais importante dos centros industriais da América do Sul, dispondo de energia mecânica incalculável nas catadupas, que, somando-se à derivada do Salto do Avanhandava e transformando-se em energia elétrica, não só satisfará a todos os misteres das indústrias como à tração de estradas de ferro que por ali passarem."*
>
> ***Euclides da Cunha***

Euclides da Cunha publicou "Os Sertões", em 1902, e concluiu o livro "À Margem da História", em 1908

A abundância da água e a força com que corria, movida pelo declive do rio, já havia espantado quem se aventurava a navegar pelo Paraná nos séculos anteriores. "Grandíssimos redemoinhos de água e de muito perigo para as canoas", alertava em espanhol dom Luís de Céspedes, ainda em 1628. Mais tarde, em 1816, o tesoureiro-mor da Sé de São Paulo também descreveu a região de Jupiá como "um recife de pedras, que nasce de uma a outra margem para a foz do rio, ficando um pequeno boqueirão, por onde correm as águas com imensa velocidade, fazendo muito redemoinho".

Corredeiras, saltos, quedas. Sim, você deveria imaginar um rio selvagem. Com muitas curvas sinuosas, o Paranazão também era preenchido por ilhas, que ainda existem em um último trecho, no estado do Paraná. Todo o restante do rio, no território nacional, foi represado, a partir do final dos anos 1960, por quatro grandes usinas hidrelétricas.

A maior ponte fluvial do país estende-se por 3,7 km sobre o rio Paraná. É rodoferroviária, ligando Aparecida do Taboado (MS) a Rubineia (SP) *(pág. anterior e ao lado)*

As pontes ferroviária e rodoviária em Três Lagoas (MS). Ao fundo, a usina hidrelétrica Jupiá

Euclides dizia que o progresso da região passaria pelas corredeiras do rio Paraná, pois "a volubilidade do rio contagia o homem". Mas o contágio foi muito mais poderoso: a energia gerada pelo movimento das águas do Paraná passou a mover o país.

JUPIÁ E ILHA SOLTEIRA

A região do Urubupungá, na divisa do noroeste de São Paulo com o Mato Grosso do Sul, foi a primeira a chamar a atenção para a geração hidrelétrica. Duas usinas estão instaladas ali: Jupiá e Ilha Solteira. Embora tenham sido planejadas conjuntamente, as obras começaram por Jupiá, na cidade de Três Lagoas (MS), pois a ferrovia que atravessava o rio Paraná já tinha atraído boa infraestrutura para a cidade, o que dava apoio e facilidade para o início das obras.

Embora menor que a usina Ilha Solteira, a hidrelétrica Jupiá foi um marco para a construção civil brasileira. Até então, a única grande obra no setor de energia elétrica era a usina Furnas, em Minas Gerais,

no rio Grande (formador do rio Paraná). Ela havia sido implantada por uma empreiteira estadunidense, com equipamentos, projeto e técnicos importados. Jupiá seria a primeira usina a ser construída com mão de obra inteiramente nacional. Em 1962, uma empresa brasileira ganhou a concorrência para as obras de engenharia civil e a usina foi concluída em 1968.

Com apenas 60 quilômetros de distância entre Jupiá e Ilha Solteira, a mesma equipe se deslocou para planejar a segunda, por volta de 1965, enquanto a primeira ia sendo concluída. Quando começou a operar, em 1973, Ilha Solteira era considerada a sexta maior usina hidrelétrica do mundo.

A falta de infraestrutura na região da segunda usina, que ficava entre os municípios de Pereira Barreto (SP) e Selvíria (MS), levou a uma ideia inovadora – na época e até os dias de hoje: a construção de um núcleo urbano permanente. Os projetistas fizeram as contas e concluíram que a construção de um núcleo provisório para abrigar

Vídeo captado por drone das pontes e da usina hidrelétrica Jupiá

Área do núcleo urbano planejado durante a construção da usina Jupiá é reconhecível nesta imagem de satélite da cidade de Três Lagoas *(destacado no círculo branco)*

os trabalhadores somente durante o período de construção da barragem teria o mesmo custo de um núcleo permanente. O que fazia a diferença é que implantar uma estrutura urbana não provisória traria um impacto positivo para o desenvolvimento da região, ficando como um legado e diminuindo o custo social da obra.

Segundo trabalhadores que participaram da construção da usina, a prefeitura de Selvíria da época havia recusado a instalação de um núcleo no território do município, receosa de que o inchaço repentino na sua população pudesse acarretar problemas na ordem social e econômica.

A criação de milhares de empregos temporários em grandes obras pode gerar também impactos sociais negativos. No entanto, a instalação de um núcleo urbano permanente evitou esse cenário e criou novas oportunidades. O canteiro de obras que poderia ter sido abandonado com a estreia da usina virou uma cidade planejada.

Com atendimento de saúde e educação para os filhos dos barrageiros (como eram chamados os trabalhadores da usina), Ilha Solteira foi planejada para 32 mil habitantes e, com a saída de parte dos trabalhadores após o fim das obras, continuou com 26 mil moradores. Aproveitando a infraestrutura deixada pela construção da usina, a cidade ganhou em 1976 um campus da Universidade Estadual Paulista (Unesp), que viria a se tornar uma das mais importantes universidades do país. Mas foi só em 1991 que Ilha Solteira conseguiu a emancipação de Pereira Barreto para se tornar um município por si só.

Embora esteja em firme território paulista, Ilha Solteira foi assim batizada pelos barrageiros, em referência a uma ilha solitária no rio Paraná, à jusante da construção da barragem.

Atualmente, a usina Ilha Solteira é a sexta maior do Brasil, com 3.444 megawatts de capacidade instalada. A capacidade total do

Vídeo captado por drone da usina hidrelétrica Ilha Solteira

II A usina hidrelétrica Jupiá foi a primeira a ser construída no rio Paraná. Sua eclusa *(à esquerda, na foto)*

permite que as embarcações transponham a barragem

ıı A hidrelétrica Ilha Solteira é a sexta maior do Brasil em geração de energia. Ela não possui eclusa, o que

obriga as embarcações a utilizarem o Canal Pereira Barreto para seguir viagem pelo rio Paraná

Brasil é de 165.879 megawatts, conforme dados do governo federal publicados em 2019. Além do complexo que envolve Jupiá e Ilha Solteira, o rio Paraná conta ainda com mais duas usinas em seu trecho brasileiro e mais uma fora do país. A usina Porto Primavera, pouco antes da confluência com o rio Paranapanema, foi construída em 1998, com 1.540 megawatts de capacidade instalada. Já no encontro com o Paraguai, fica a usina binacional Itaipu – maior do Brasil e segunda maior do mundo, com seus 14 mil megawatts de potência máxima. O rio ainda segue entre a Argentina e o Paraguai e permite mais uma usina binacional, a Yacyretá.

Além das cinco usinas ao longo de todo o rio Paraná, são quatro no rio Grande, quatro no rio Paranaíba, três no rio Araguari, uma no rio São Marcos, três no rio Corumbá, uma no rio Paranoá, dez no Paranapanema e mais sete delas no rio Tietê, com destaque para a maior de todas, Itaipu, no rio Paraná. A bacia do Paraná é protagonista de grande elenco de rios. Juntos, eles formam a bacia hidrográfica com maior capacidade instalada de geração de energia elétrica do Brasil. Não é pouca coisa para um país que tem nas usinas hidrelétricas sua principal fonte de eletricidade.

CRESCIMENTO MOVIDO A ÁGUA

As usinas Ilha Solteira, Jupiá e Porto Primavera foram construídas pela empresa estatal Companhia Energética de São Paulo (Cesp), mas foram concedidas à iniciativa privada. Desde 2016, a empresa CTG Brasil, subsidiária da China Three Gorges Corporation, administra as usinas Ilha Solteira e Jupiá.

Já a usina Porto Primavera, que fica na altura dos municípios de Rosana (SP) e Batayporã (MS), foi concedida à Votorantim Energia em 2018. Possui a barragem mais extensa do Brasil, com 10.186 metros, 1.540 megawatts de potência instalada e, embora tenha tido suas obras iniciadas em 1980, passou a funcionar em 1998. Entre as medidas compensatórias para sua construção, foi criada a primeira unidade de conservação do Mato Grosso do Sul: o Parque Estadual das Várzeas do Rio Ivinhema, com mais de 73 mil hectares, abrangendo os municípios de Jateí, Naviraí e Taquarussu. Com acesso permitido apenas para fins de pesquisa, o parque conquista visitantes pelas mídias sociais, com o compartilhamento de flagrantes: são onças-pintadas e pardas, capivaras, tuiuius e antas capturados pelas câmeras de segurança.

A eclusa da hidrelétrica Porto Primavera permite a navegação pela hidrovia Tietê-Paraná *(ao lado, acima)*. A usina Itaipu é hoje a segunda maior do mundo em capacidade de geração de energia *(ao lado)*

O represamento de rios acaba causando mudanças no ambiente fluvial. Muitas espécies de peixes, afeitos às correntezas, não se adaptam ao novo cenário, como o pintado, o dourado, o cascudo-preto e a curimbatá e piracanjuba. São justamente eles os favoritos dos pescadores. Por isso, um dos compromissos das usinas foi o de recompor

o estoque de peixes periodicamente, com soltura de espécies criadas em tanques de aquicultura.

Esse esforço para a manutenção da biodiversidade nas águas do rio Paraná e de seus afluentes tem sido feito por várias instituições. A CTG Brasil, por exemplo, mantém um programa anual de repovoamento da ictiofauna, que em 2018 promoveu a soltura de 3,6 milhões de alevinos em seus reservatórios, que incluem os das hidrelétricas Jupiá e Ilha Solteira. Os alevinos são produzidos em Salto Grande (SP), às margens do rio Paranapanema. Paralelamente, ocorre um programa de educação ambiental de estudantes das escolas locais, que inclui palestras sobre a conservação dos rios e de suas margens.

Criação de peixes de espécies nativas, às margens do rio Paranapanema (SP)

II Em Rubineia (SP), se destaca a piscicultura. O município tem grande produção de alevinos de tilápia

HISTÓRIA

A construção da UHE Jupiá

Foi a primeira usina do Brasil a ser erguida com tecnologia e mão de obra brasileira. Sua construção durou seis anos e foi inaugurada em 1969. Consta que mais de 8 mil trabalhadores foram contratados ao longo da construção.

A UHE Jupiá é uma usina do tipo fio d'água com 14 unidades geradoras. A barragem se estende por 5.495 metros, dos quais 1.040 metros são de concreto. Seu reservatório equivale a uma baía da Guanabara e pode gerar até 1.551 megawatts.

A vila-piloto de Jupiá, que abrigava os operários e suas famílias, chegou a ter 15 mil residentes *(acima)*. Foi desmontada após o fim das obras. Instalação de um rotor de gerador *(abaixo)*

HISTÓRIA

A construção da UHE Ilha Solteira

As obras tomaram oito anos, envolvendo mais de 14 mil trabalhadores. A usina iniciou a operação em 1973 e hoje tem 20 unidades geradoras instaladas. A barragem se estende por 5.605 metros de comprimento, dos quais 975 metros são de concreto, com desnível de 70 metros.

Seu reservatório de água é o equivalente a 3,5 baías da Guanabara e tem capacidade de geração de 3.444 megawatts.

Em 1970, os trabalhos da usina evoluíram na ensecadeira, um aterro que permitiu a criação do canteiro de obras no leito do rio *(abaixo)*.

A quantidade de concreto utilizada na obra da hidrelétrica equivale a 40 estádios do Maracanã. A ilha que deu nome à usina é visível no leito do rio *(abaixo)*

A construção da UHE Itaipu

Ao longo de dez anos, uma obra gigantesca envolvendo cerca de 40 mil trabalhadores deu origem à maior usina hidrelétrica do Brasil e atualmente a segunda maior do mundo. Itaipu nasceu de um acordo entre Brasil e Paraguai, assinado no ano de 1974. A usina iniciou sua operação em 1984 e hoje possui 20 unidades geradoras de 700 megawatts cada. A barragem se estende por 7.919 metros de comprimento e altura máxima de 196 metros, o equivalente a um prédio de 65 andares, com desnível de 120 metros. Seu reservatório equivale a quatro vezes o tamanho da baía de Guanabara.

DIÁRIO DE BORDO

Viagem por dentro da usina

Diferente de quando lemos sobre números e megawatts, visitar uma usina hidrelétrica não impressiona pela quantidade invisível de energia que ela está gerando, mas pela grandeza com que se impõe em meio ao rio, reservando suas águas e controlando seu fluxo.

Um dia antes de conhecer Ilha Solteira, estou no marco zero do rio Paraná, na pequena cidade de Santa Fé do Sul. Vejo do alto o tríplice encontro de rios – Grande, Paranaíba e Paraná – atravessando os 3.700 metros a rodoferroviária – maior ponte fluvial do país. A paisagem parece nos abraçar na imensidão do mundo natural e sua soberania implacável.

Ao chegar à usina, é a grandiosidade da obra que impacta e a barragem erguida de concreto transmite confiança de que realmente fizeram parar o rio.

Mas que ousadia! Fazer um muro de margem a margem, para controlar o volume de água e a sua correnteza.

O monitor que me acompanha já trabalhou em diversos postos na usina, parece ter gosto em guiar o público e está menos preocupado com números e detalhes técnicos do que com o significado daquela engenharia toda. “E então, você sabe como funciona?”, ele convida.

Fizemos todo o caminho da água por dentro da usina até sair do outro lado do rio. Dá para ouvir o intenso barulho da água chegando do reservatório com muita pressão, por meio de tubulações enormes, até as turbinas.

Na casa de força, no último subsolo, piso na turbina, sentindo a vibração do motor. O ambiente é muito quente. Tento imaginar o que acontece sob meus pés: a água entra com força na turbina e move uma roda com várias pás. Como um moinho de água. No eixo da roda, um gerador transforma a energia do movimento giratório em eletricidade, através de um campo magnético.

Ao desviar seu caminho para dentro de uma turbina, a água produz energia sem alterar sua composição. Dali é liberada e segue ilesa, rio abaixo, até a próxima hidrelétrica.

Para conseguir aproveitar o movimento da água, foi preciso controlá-lo. A barragem certifica a altura da queda que produzirá o movimento, enquanto o reservatório estoca a água, ordenando a quantidade que entra na turbina. Foi lá, nas profundezas da usina, que entendi a função e o propósito da barragem vista na superfície. A maior parte da geração de energia elétrica que chega às cidades, indústrias e casas de todo o território brasileiro ocorre nas profundezas de um rio.

Vídeo da sala de comando, área de manutenção, casa de máquinas e poço de turbina da usina Jupiá

A água movimenta uma das turbinas para gerar energia *(abaixo)*. Elas estão em operação no subsolo da usina *(acima)*

HISTÓRIA

Uma cidade submersa

Rubineia virou cidade em 1964. Antes, o distrito do município de Santa Fé do Sul já tinha esse nome por conta de um capricho do prefeito, Rubens Camargo, que batizou suas terras com uma combinação do seu nome com o de sua esposa, Nair (Neia), no início dos anos 1950.

Apenas três anos depois da emancipação, começa a correr o boato de que a cidade seria inundada para a construção da hidrelétrica Ilha Solteira, o que de fato ocorreu em 1973.

A cidade foi reconstruída alguns quilômetros adiante, mas boa parte dos moradores deixaram suas casas e mudaram para outras cidades conforme recebiam as indenizações.

A notícia da inundação criou um mártir da resistência na cidade. Aparecido Galdino Jacintho, o Aparecidão, já reconhecido como líder messiânico na cidade quando se colocou contra a usina, pois não queria que mudassem o curso do rio e a vida dos peixes.

Sua história inspirou a novela da TV Globo "Fogo sobre Terra" , lançada em 1974. A trama se passava na cidade fictícia de Divineia e tinha como personagem principal Pedro Azulão (interpretado

Construída para receber os moradores da cidade alagada, a nova Rubineia manteve os mesmos marcos da cidade antiga, como a igreja *(acima)* e a escola municipal

A antiga igreja de Rubineia, em imagem captada antes da inundação *(acima)*. Parte da antiga cidade reaparece na superfície quando cai o nível do rio *(abaixo)*

por Juca de Oliveira), um camponês em luta para evitar que uma represa inunde sua cidade.

NA SECA, A CIDADE EMERGE

A antiga Rubineia virou atração turística. Mergulhadores viajam até a cidade com seus equipamentos para explorar, rio abaixo, as ruínas da cidade. Passeiam pelas antigas ruas e visitam escola, hotel, prefeitura e casas.

Quando a seca de 2014 fez baixar as águas do rio Paraná, partes da cidade submersa voltaram a aparecer na superfície, criando novo fluxo de turistas e curiosos para conhecer as ruínas e o fenômeno da reaparição. Mesmo quem já conhecia bem a antiga Rubineia voltou às margens do Paraná para reconhecê-la. Ermínio Viana conta que foi diversas vezes e conseguiu reencontrar a escola onde havia estudado quando criança. Apesar da saudade, ele reconhece que a escola reconstruída na nova Rubineia "ficou igualzinha".

LITERATURA

Drummond em crônica e verso

Crítico à inundação de Rubineia, o poeta Carlos Drummond de Andrade (1902-1987) publicou a crônica "Aconteceu em Rubineia" no Jornal do Brasil, em 28 de outubro de 1971.

> *Que é Rubineia, onde fica? Rubineia já era, e não fica propriamente, ficava na margem esquerda do rio Paraná, em São Paulo. Sete mil habitantes na pequena cidade civilizadíssima, pois quando tinha de dar nome a ruas, não fazia por menos: batizava-se de Machado de Assis, Manuel Bandeira, Guimarães Rosa, Cecília Meireles, Mário de Andrade, Graciliano Ramos, outros mais. Esquecendo-se de que estamos vivos, lembrou-se ainda de Vinicius e deste escrevente; dele, com justiça; de mim, como brincadeira. Cidade quase toda consagrada a poetas e prosadores, haverá outro no Brasil ou no mundo, que em geral prefere valores menos abstratos, e abre exceção para um literato mantendo a regra em louvor de mil homens de ação prática? E assim, em Rubineia, Machado vizinhava com Cecília, Rosa contava do Urucuia a Bilac, Bandeira e Mário não precisavam cartear-se: viam-se. Uma cidade diferente na paz de suas belas-letras, no bulício de suas 13 escolas (...)*

O Salto de Urubupungá foi submerso com a construção da usina Jupiá, na década de 1960

Em 1973, ano da inundação, Drummond voltou a homenagear a cidade e suas ruas nomeadas por grandes poetas e escritores em sua obra "Os Submersos":

"Poetas amigos que eram
placa de rua em Rubineia :
que tal a vida aí em baixo do lago?
A princípio é meio estranho, não?
Compreendo, depois a gente se habitua.
Nenhuma casa em que moramos
se entrega imediatamente.
(...)
E você, poeta Cecília, o que conta
dessa viagem às vidas submersas,
as Holandas hidroelétricas,
país de água de Ilha Solteira
que romanceiro algum ainda não cantou.
Está conferindo o verde de seus olhos
com esse verde-piscina?
Olha: aquele velhinho ali foi seu vizinho
aos tempos de Cosme Velho.
Uma reverência a Machado de Assis,
mesmo em camadas profundas,
precisamente belas,
é de bom preceito.
O ácido Graciliano
está mais adiante
e ainda não se conformou
em ser nome de rua.
(...)

Se o apreço da cidade pelos grandes nomes da literatura não passou batido pela sensibilidade de Drummond, seus versos também não passaram despercebidos pela nova Rubineia. Sua reconstrução recuperou as homenagens aos poetas, que continuam até hoje nomeando várias ruas da cidade.

O escritor Carlos Drummond de Andrade (1902-1987)

A nova Rubineia foi reconstruída a 3 quilômetros da antiga. E manteve as placas das ruas que homenageiam grandes poetas

Acesso à íntegra da poesia "Os Submersos"

O rio cria oportunidades

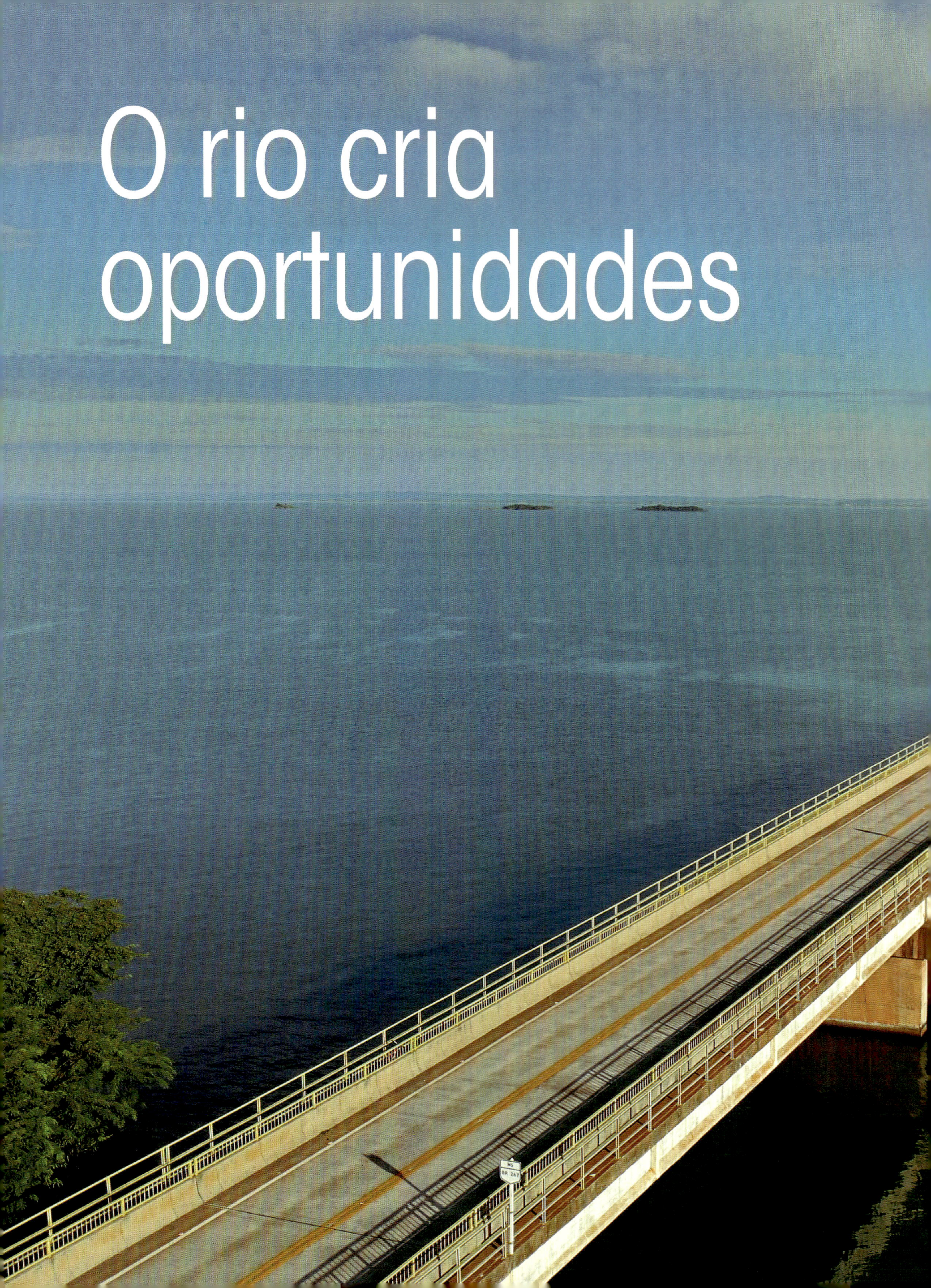

As águas acalmadas não diminuíram a força criativa do rio. Pelo contrário, trouxeram novas histórias. Mesmo represadas, elas fazem toda a diferença por onde passam e poderiam assinar a coautoria das atividades culturais e econômicas que se desdobram pelas suas margens.

Além da movimentação de pás que produzem energia elétrica para o país, a abundância de água apoia a pesca, a piscicultura, a criação de bovinos e suínos, o cultivo de cana-de-açúcar, milho, a indústria da madeira, a produção de celulose e muito mais. Quem escolher subir

ou descer a extensão do rio pelas estradas sul-mato-grossenses verá gado bovino durante a maior parte do caminho. A pecuária é a marca orgulhosa do estado, que se posiciona na região Centro-Oeste do país. Atravessar as pontes do rio Paraná entre São Paulo e Mato Grosso do Sul – seja lá no marco zero do rio, entre Santa Fé do Sul (SP) e Aparecida do Taboado (MS), ou mais abaixo, entre Presidente Epitácio (SP) e Bataguassu (MS) – implica trocar aquele boné qualquer pelo orgulhoso chapéu de couro dos vaqueiros.

Criar cultura, seja ela o cultivo da terra ou das tradições, exige paciência e cumplicidade com a passagem do tempo. A pecuária e o café ditaram os rumos da exploração do oeste brasileiro, que até o início do século 19 era de um sertão quase sem gente, exceto pelos remanescentes indígenas que resistiram à colonização.

Hoje, Mato Grosso do Sul abriga os maiores frigoríficos do país e abate uma média de 280 mil cabeças de gado por mês, segundo a Associação de Matadouros, Frigoríficos e Distribuidores de Carne do Estado. Parte desse quadro foi iniciado no século 19, quando a expansão cafeeira no oeste paulista empurrou os pecuaristas paulistas para a margem sul-mato-grossense do rio Paraná.

A ponte que une Presidente Epitácio (SP) a Bataguassu (MS) tem 2.550 m de extensão *(págs. anteriores)*

A criação de gado e o processamento da carne tornou-se um dos principais motores da economia no entorno de Três Lagoas (MS)

Lado a lado, as pontes rodoviária e ferroviária sobre o Paraná ligam a cidade de Três Lagoas (MS) a Castilho (SP)

O "empurrão" obrigou o rio a unir fronteiras. Abriam-se estradas boiadeiras, por onde o gado seguia para engorda nas invernadas mineiras ou paulistas, onde também era comercializado. Para atravessar o rio Paraná e o Paranaíba (para Minas Gerais), pediam-se balsas. Foi aí que o rio Paraná ganhou os primeiros portos, ao redor dos quais nasceram as primeiras cidades da região.

Entre elas, pode-se destacar a cidade de Três Lagoas (MS), que tem esse nome em homenagem a três grandes lagoas presentes na região e que continuam existindo em meio ao rápido crescimento da cidade, também cercada de rios e córregos. A cidade foi criada em 1915, apenas alguns anos depois da ferrovia Noroeste do Brasil passar por ali para ligar Bauru (SP) a Corumbá (MS), com uma ponte sobre o rio Paraná.

A ferrovia tornou a cidade atrativa para a economia, mas não só. Pelo menos duas vezes na história, a estrada de ferro trouxe episódios de conflitos militares mais contundentes e causou turbulência nas águas tranquilas de Três Lagoas. Um deles foi a passagem da Coluna Prestes pela cidade, nos anos 1920.

O movimento dos insatisfeitos com o governo da República Velha reuniu 1.500 soldados rebeldes pelo interior brasileiro entre 1925 e 1927. Entre suas bandeiras estavam o combate à desigualdade social e o acesso ao ensino público.

Eles estavam em Bauru quando souberam que tropas governistas aguardavam em Três Lagoas. Pegaram o trem e foram ao seu encontro. Segundo o livro "A Coluna Prestes", de Neil Macaulay, "o encontro em Três Lagoas deixou um terço do batalhão dos revoltos morto, ferido, aprisionado ou desaparecido. Talvez tenha sido, também, a batalha decisiva da revolução". A cidade ainda voltaria a ser palco da luta armada em um dos conflitos de outra revolta, a Constitucionalista de 1932.

Hoje, no entanto, os episódios de batalha nem de longe marcam quem visita a cidade – terceira mais populosa do estado, com 113 mil habitantes, de acordo com o Censo de 2015. Ela mistura a tranquilidade das águas e da natureza conservada – mantendo resguardadas as Áreas de Preservação Permanente nas margens do rio Paraná – com o movimento de trens, caminhões e barcos que impulsionam a quarta maior economia do estado.

Carretas aguardam para descarregar soja na fábrica de biodiesel de Três Lagoas (MS), às margens do Paraná

COMBUSTÍVEL QUE ATRAVESSA O RIO

Um trajeto semelhante ao da ferrovia que cortou o Mato Grosso do Sul foi aberto no final do século pelo gasoduto Bolívia-Brasil, que desde 1999 transporta gás natural por uma tubulação subterrânea de mais de 3 mil quilômetros, partindo de Santa Cruz de La Sierra (Bolívia) até Canoas, no Rio Grande do Sul. O caminho atravessa o Mato Grosso do Sul passando por Corumbá e Três Lagoas (onde fica uma das estações de entrega do combustível) para depois seguir pelo interior de São Paulo, antes de descer para o sul do país.

Além da pecuária, principal motor econômico da cidade, outras indústrias têm se destacado, como a da produção de celulose, papel, papelão e outros. A cidade abriga duas grandes fábricas de produção de celulose de eucalipto, que movimentam a cadeia mundial nesse segmento industrial.

O eucalipto, que exige áreas com abundância de recursos hídricos, marca presença no Mato Grosso do Sul. As culturas da soja e do milho passam a ganhar força para dominar as paisagens ao longo da margem paranaense do rio. São insumos importantes para a alimentação de bois, vacas, porcos e frangos, gerando um ciclo virtuoso na economia regional. Menos visíveis na estrada, mas presentes na balança comercial do país, os setores suíno e aviário colocam o estado do Paraná na liderança da produção e exportação de carne de frango e em segundo lugar na produção suína (liderada por Santa Catarina). Quase metade da produção suína do estado se concentra em Toledo. A região, que inclui municípios como Cascavel, tem uma economia rural diversificada, com atividades como a piscicultura e a produção de leite de vaca.

MUITA CANA-DE-AÇÚCAR

Ainda na margem paulista do rio, a cana-de-açúcar domina a produção de diversas formas de energia: açúcar (o alimento funciona como combustível para o corpo humano), etanol (para veículos) e eletricidade (através da queima do bagaço e de outros resíduos orgânicos do processamento de cana para produção de energia elétrica).

A prática do corte manual e da queima prévia da plantação para facilitar o manuseio era problemática em razão de questões sociais e ambientais, como a poluição gerada pela queima durante a colheita. Contudo, ao longo da última década, o debate evoluiu e compromissos do setor com o governo permitiram que essa realidade mudasse radicalmente. Hoje, 98% da área de cana no estado de São Paulo já usa colheita mecanizada, dispensando a queima, segundo dados da União da Indústria de Cana-de-Açúcar.

Na margem paulista do rio, é intensa a produção de cana-de-açúcar. Ela é praticamente toda mecanizada, o que elimina a queima necessária para o corte manual

O ciclo da celulose

Em Três Lagoas se concentra a maior produção mundial de celulose a partir de florestas plantadas de eucalipto, às margens do Paraná. Tudo começa com o cultivo de mudas *(abaixo)*. Depois de plantadas, são cerca de sete anos para o corte das árvores *(mais abaixo)*.

As toras, então, são transportadas para uma fábrica *(ao lado)*. A madeira é picada e os cavacos resultantes *(ao lado, abaixo)* vão para um digestor, que funciona como uma panela de pressão. Resulta a massa de celulose, que é a base da indústria de papel.

Mercedes-Benz
BRA

II Ponte que liga Brasilândia (MS) a Pauliceia (SP), sobre o rio Paraná, com 1.700 m de extensão

ıı Em várias propriedades agrícolas próximas do rio Paraná, os produtores rurais empregam técnicas de irrigação,

como a do pivô giratório, que gasta menos água e aumenta a produtividade

As estradas mais próximas ao rio pelo lado da margem paulista respiram cana. Qualquer outro tipo de veículo que passe por ali é avisado por placas nas entradas dos canaviais: atenção, entrada e saída de caminhões canavieiros. A qualquer momento, gigantes de até 30 metros de comprimento podem e devem aparecer. As estradas ali são todas para eles. Mas não são suficientes para transportar a produção canavieira da região.

A HIDROVIA TIETÊ-PARANÁ

Além de ferrovias, as cadeias produtivas da região contam com a hidrovia Tietê-Paraná, fundamental para escoar a produção agropecuária que prospera às margens do Paranazão.

A hidrovia aproveita os 1.023 quilômetros navegáveis do rio Paraná e mais 715 quilômetros do Tietê. Além de cana, soja e milho, ela também transporta mandioca, carvão, adubo, areia e cascalho, em um total de 6,5 milhões de toneladas de cargas por ano, em média, segundo dados da Administração da Hidrovia do Paraná. Ela atravessa os estados de São Paulo, Paraná, Mato Grosso do Sul, Goiás e Minas Gerais e está integrada a rodovias, ferrovias e dutovias regionais e federais, em um sistema multimodal de escoamento da produção agrícola e mineral da região. Como enormes balsas, os comboios que transportam cargas são empurrados por rebocadores. O conjunto pode medir até 200 metros de comprimento.

Ao longo do caminho, oito eclusas trabalham como verdadeiros elevadores de barcos e navios. Abrem-se as portas, o barco entra e é elevado ou abaixado até alcançar o nível do rio em seu próximo trecho. A eclusa é uma forma de manter a navegabilidade do rio nos trechos em que as barragens dos reservatórios de hidrelétricas geraram imensos desníveis.

Os principais itens transportados pela hidrovia Tietê-Paraná são a soja, milho, celulose e madeira *(ao lado, em cima)*. O canal de Pereira Barreto é necessário para fazer a ligação da hidrovia com os rios Grande e Paranaíba, pois a hidrelétrica Ilha Solteira não tem eclusa *(ao lado)*

A barragem de Ilha Solteira, no entanto, não conta com eclusa. O barco que chega ali precisa fazer um desvio. Como nada no rio Paraná é modesto em tamanho, foi construído o maior canal artificial da América do Sul para isso: o canal Pereira Barreto. Com 9,6 quilômetros de extensão, ele liga o rio Tietê ao Paraná na altura de Ilha Solteira e cria uma espécie de atalho para embarcações que descem ou sobem o rio Paraná. Para escapar do obstáculo da barragem de Ilha Solteira, os barcos contornam pelo rio Tietê usando o canal artificial naquele trecho e, mais ao sul, a ligação natural entre os dois rios, na altura de Três Lagoas.

Devido à estiagem de 2014 e 2015, a navegação na hidrovia Tietê-Paraná foi suspensa por um longo período. A Agência Nacional de Águas monitora o nível das águas, para manter as condições de operação da hidrovia e da geração hidrelétrica.

PROBLEMAS QUE CRIAM SOLUÇÕES

Se, por um lado, as barragens de hidrelétricas amansaram o rio selvagem e facilitaram a navegação ao tornar submersas as corredeiras que desafiavam navegantes; por outro, a inundação das margens do rio criou novos obstáculos para as embarcações: grandes árvores, que ficaram abaixo do nível do reservatório. Recentemente, criatividade e empreendedorismo começaram a mudar o curso e a remover os obstáculos dessa história.

No início dos anos 1990, quando atravessava o rio Paraná de Bataguassu (MT) para Presidente Epitácio (SP), o agricultor Edyjayme Furtado observava com deslumbre a extração de grandes quantidades de madeira feita pelos trabalhadores da Cesp. Eles preparavam o alagamento das margens do rio, que também levaria à desapropriação da fazenda do agricultor, em Taquarussu (MS).

Até a desapropriação, ele usava suas terras para cultivar ginseng, uma raiz parecida com gengibre, pouco usada no Brasil. A clientela de Edyjayme estava na China, onde a raiz é popularmente consumida como chá ou também em cápsulas, graças a propriedades medicinais diversas: contribuindo como energético, estimulante e também melhorando a circulação sanguínea, a memória e a concentração.

A fazenda de ginseng, as árvores e as margens do Paranazão virariam o reservatório da hidrelétrica Porto Primavera. Mas, para o agricultor, o fim de um negócio da China foi o início de outro, também inspirado nos chineses.

Intrigado com as possibilidades de aproveitamento das madeiras que não foram retiradas antes do enchimento do reservatório, Edyjayme comentou com seus clientes chineses sobre as obras da usina e ouviu deles que, na China, já havia empreendimentos que cortavam as árvores inundadas e as aproveitavam comercialmente. O comentário aumentou a curiosidade do agricultor e ele decidiu arriscar um novo negócio.

Edyjayme Furtado comercializa a madeira submersa pelo reservatório da hidrelétrica Porto Primavera

Depois de muita insistência do empreendedor, em 2006 a Cesp abriu um edital para contratar a retirada de madeiras do rio. Com isso, milhares de árvores nativas antes dadas como perdidas passaram a ser recuperadas. Parte delas é considerada madeira nobre e tem alto valor comercial, como o cedro-rosa, o jatobá, peroba-rosa, angico e ipê.

Além de melhorar a navegabilidade do rio, o serviço ajuda a limpar a formação de algas e fungos que crescem ao redor das árvores e acabam enroscando nas turbinas da usina. Como contrapartida, o empreendedor pode vender as madeiras resgatadas.

Vídeo do aproveitamento da madeira submersa

Somente em 2016 Edyjayme ganhou o edital para operar a missão que almejou desde os anos 1990. Agora, sua ambição é obter investimento e ganhar escala para espalhar o serviço a outras hidrelétricas do rio Paraná.

COLETES

CIDADE À BEIRA DO RIO

Presidente Epitácio hoje

A vocação do município tem sido o turismo e a criação de peixe em cativeiro. As águas calmas do Paranazão convidam para pescar o tucunaré, que foi introduzido depois que o reservatório da hidrelétrica Porto Primavera foi enchido.

O Parque Figueiral é muito procurado nos meses de verão, onde a praia de água doce atrai moradores e visitantes *(abaixo)*. O tucunaré é protagonista local, na pescaria ou como destaque nos cardápios dos restaurantes *(ao lado)*.

Vídeo do pôr do sol registrado em Presidente Epitácio

Imagem captada por drone do Parque Figueiral

ıı Entre Rubineia e Ilha Solteira, a pesca é destaque no Paranazão. O tucunaré é um dos peixes mais apreciados

CIDADE À BEIRA DO RIO

Três Lagoas hoje

É o terceiro município mais populoso do Mato Grosso do Sul, com 117 mil habitantes. Chamada de "Cidade das Águas", é reconhecida internacionalmente como a "Capital Mundial da Celulose" devido ao crescimento do setor, à transição da atividade agropecuária para a industrial e ao aumento de florestas de eucalipto na região.

Apesar da expansão, o município cultiva aspectos tradicionais e regionais de sua cultura. Uma das construções históricas, de 1914, é o antigo consulado português *(abaixo)*. Outros marcos da cidade são a igreja de Santo Antônio e o relógio, dos anos 1930 *(ao lado)*, instalado nas proximidades da estação ferroviária.

Vídeo captado por drone mostra comemoração de Corpus Christi na igreja de Santo Antônio

3522-1653

Nas feiras livres da cidade, a população aproveita para comprar peixes frescos

Três Lagoas sedia um dos maiores torneios de pesca esportiva do Brasil, que reúne centenas de barcos levando equipes pelas águas do rio Paraná

Entre as atrações da cidade estão os passeios de barco pelos rios *(acima)*, e o Balneário Municipal com praia de água doce, quiosques e churrasqueiras *(abaixo)*

II As três lagoas, que deram origem ao nome do município. No alto, é possível notar o rio Sucuriú desaguando

no Paraná

O motorista da dama da viola

Se os paulistas cuidam do campo com o afinco de quem tira dali seu ganha-pão, os sul-mato-grossenses se dedicam à terra também com a alma e a cultura. Uma carona entre as fazendas de gado do Mato Grosso do Sul tem direito a música sertaneja no rádio e figurinos completos: com botas e cintos de couro entre as clássicas peças de camisa e calça jeans. É fácil perceber que se cruzou uma divisa importante não só na geografia, mas na cultura. O sertão cria o sertanejo e o sertanejo recria o sertão, cultivando o chão e criando canções apaixonadas e sedutoras.

Em uma carona de Bataguassu (MS) para Presidente Epitácio, o motorista se apresentou sem dizer seu nome. "Dirigi para a dama da viola até os últimos dias de vida dela." Se eu fosse moradora da região, não precisaria de mais apresentações.

Analfabeta e autodidata, Helena Meirelles aprendeu por conta própria a dedilhar a viola ainda criança, espiando os violeiros que tocavam na fazenda Jararaca, onde trabalhava com a família. Nascida em 1924 em Campo Grande (MS), insistiu na prática em uma época em que "mulher não tocava violão", segundo ela conta no documentário "Helena Meirelles – a dama da viola", de 2004.

TOCOU, LAVOU E BENZEU

Nascida em Campo Grande, a autodidata Helena Meirelles aprendeu a tocar observando violeiros e tornou-se um ícone da música ao final da vida

Ela passou a vida tocando em bordéis e também foi lavadeira e benzedeira. O reconhecimento veio no final da vida. Em 1993, foi citada pela revista americana Guitar Player entre os 100 melhores instrumentistas do mundo, por sua atuação nas violas de seis, oito, dez e doze cordas. Em 2012, foi incluída na lista dos 30 maiores ícones brasileiros da guitarra e do violão da revista Rolling Stone Brasil.

Foi casada três vezes e teve 11 filhos, os quais deu à luz sozinha. A união com seu último marido, Constantino Machado, durou 42 anos, até sua morte. Helena viveu até os 81 anos e teve tempo de aproveitar a fama, gravando CD e pegando a estrada para fazer inúmeros shows pelo país.

Apresentação musical de Helena Meirelles, ao vivo em 1996

A assinatura da dama – o motorista tentava me explicar – era a afinação da viola. A técnica se distingue da viola caipira e é chamada de paraguaçu, três cordas ou rio abaixo. Qualquer ligação com o rio Paraná não é mera coincidência. A inspiração da violeira autodidata veio da afinação usada pelos peões paraguaios que, rio acima, iam trabalhar na mesma fazenda que seus pais.

Procissão dos Navegantes

Diplomata nato, o rio Paraná importou da região Sul uma tradição que prospera desde os anos 1950 entre Mato Grosso do Sul e São Paulo, ainda no trecho em que o rio separa – ou une – as cidades de Bataguassu (MS) e Presidente Epitácio (SP). Desde 1951, as cidades se unem no início de agosto (normalmente entre os dias 6 e 15) para celebrar a festa da Nossa Senhora dos Navegantes. Os nove dias de festividade agradecem pela proteção da santa aos marinheiros, pescadores e viajantes.

Nos primeiros dias, a comemoração inclui missas na igreja dedicadas à santa em Bataguassu e também shows musicais e quermesses. É só no último dia que a festa vira procissão. Logo cedo, por volta das 8h, os devotos se reúnem em torno da igreja para transportar a estátua da santa até o "barco andor", uma embarcação fluvial enfeitada por flores, bandeiras e ainda a companhia de imagens de outros santos, como São Judas Tadeu, São Benedito, Nossa Senhora Aparecida, Santa Terezinha, Nossa Senhora das Graças, Nossa Senhora do Perpétuo Socorro e Santo Antônio. Centenas de devotos também acompanham a travessia de 15 quilômetros pelo rio, com saída no Porto XV, em Mato Grosso do Sul, e chegada ao píer turístico de Presidente Epitácio.

Cerca de 15 mil pessoas acompanham a procissão anualmente. O ponto alto da festa é também um encontro diplomático, quando o padre católico de Bataguassu e o prefeito da cidade entregam a imagem da Nossa Senhora às mãos do padre de Presidente Epitácio e do prefeito do município paulista.

Ali, rezam uma missa campal, ao ar livre, com direito a coral e banda. O retorno da embarcação a Bataguassu é também marcado por rezas de agradecimentos e pedidos de proteção.

A santa já era celebrada em uma festa tradicional em Porto Alegre (RS), de onde veio a inspiração.

Foi nos anos 1940 que o casal morador de Bataguassu, Joaquim Rodrigues Leite e Bernardina Monteiro Rodrigues Leite, fez uma promessa de construir uma capela para a Nossa Senhora dos Navegantes, caso o filho, que combatia na Itália em plena Segunda Guerra Mundial, voltasse a salvo. Quando o soldado finalmente retornou à casa dos pais, alguns anos depois, a promessa já havia ficado famosa entre pescadores e moradores da cidade. Assim, o pagamento da promessa com a inauguração da capela, em 1947, já foi ocasião de festa – que atraiu os moradores das duas margens do rio.

COMISSÁRIO DE BORDO

Aos 86 anos, o historiador Wilson Cruz é um dos devotos que acompanham a celebração desde sua primeira edição. Ele guarda registros em vídeos e um diário sobre os acontecimentos de cada edição da festa. Wilson também pedia proteção para suas viagens.

Ele foi comissário de bordo de uma embarcação que fazia viagens turísticas com destino a Sete Quedas, conjunto de dezenas de cachoeiras no rio Paraná na altura do município de Guaíra (RS). Entre os anos 1950 e 1980, o rio era rebelde e apresentava caminhos de ilhas, pedras e redemoinhos, não raro cheios de surpresas.

"Participei das medições que produziram o mapeamento do Alto Paraná em uma hidrografia de 1957, pegando os trechos desde Três Lagoas (MS) até Guaíra (PR)", conta Wilson Cruz, que também foi funcionário do serviço de navegação da bacia do Prata, autarquia federal responsável pelas navegações nos rios Paraná e Paraguai. Com intenção de produzir um canal de navegação no

rio, o estudo mapeou profundidades, ilhas, margens e obstáculos pelo rio. No entanto, a carta hidrográfica teve vida curta. "Tudo era desmanchado automaticamente quando o rio enchia", relata Wilson, entre risadas.

As constantes transformações do rio rendiam desafios e aventuras. O apelo à fé e a Nossa Senhora dos Navegantes era uma forma de proteção e também uma injeção de coragem para o pescador ou o navegante que ousasse lidar com os mistérios das águas. Eles ainda estão guardados no trecho de natureza preservada no rio.

Procissão às margens do Paranazão une as populações de Bataguassu (MS) e Presidente Epitácio (SP)

Enfim com curso natural

Enquanto fluem para o sul e vão deixando São Paulo e Mato Grosso do Sul para trás, as águas do rio adentram e batizam o estado do Paraná – que ganhou esse nome dos paulistas, quando deixou de ser um distrito de São Paulo (a Comarca de Curitiba) e ganhou o status de província, em 1853. Ainda que o rio apenas margeie o estado do Paraná, é ali que ele guarda seu trecho mais conservado.

Se até aqui a viagem pelo rio Paraná é intercalada pelas memórias do que o rio foi e a imaginação sobre como o rio seria, a chegada neste trecho é de profunda reconexão com o estado natural do gigante. De uma vez só, ele aqui se revela diplomata e selvagem.

Segue fazendo divisas políticas do estado do Paraná com o Mato Grosso do Sul e, mais abaixo, fronteira com o Paraguai. Sem abrir mão, no entanto, de percorrer cursos sinuosos, fazendo e desfazendo ilhas conforme suas cheias carregam areia, ora concentrando porções de terra no meio do rio, ora as espalhando, em um movimento de contração e expansão; recuo e investida. Aqui o rio dança conforme sua própria música.

O último trecho livre de represamento no rio Paraná no território brasileiro é protegido por lei federal desde 1997, quando foi criado o do Parque Nacional de Ilha Grande, com uma área de 78.875 hectares de pretensa proteção integral. O nome faz referência à maior ilha do arquipélago, que tem cerca de 180 ilhas e ilhotas além da Ilha Grande e seus cerca de 120 quilômetros de comprimento e 10 quilômetros em seu trecho mais largo.

Além da deslumbrante paisagem, o parque nacional guarda mais de uma dezena de espécies ameaçadas de extinção. Entre elas estão a jacutinga, o papagaio-de-peito-roxo, o cervo-do-pantanal, a piracanjuba, o gato-maracajá, o gato-palheiro, o tamanduá-bandeira, o morcego-vermelho, a onça-pintada, a onça-parda, a ariranha e os peixes tuvira e surubim.

As várias lagoas de águas rasas que se estendem pelo parque nacional lembram a paisagem do pantanal do Mato Grosso do Sul.

Somente a partir da hidrelétrica Porto Primavera, o Paraná corre no seu leito natural, até chegar à represa de Itaipu *(págs. anteriores)*

No Parque Nacional de Ilha Grande existem tamanduás-bandeira, como este, encontrado em uma fazenda próxima

Nas proximidades do trecho mais preservado do rio, é possível observar o raro cervo-do-pantanal *(acima)* e aves como a biguatinga e a jacutinga *(abaixo)*

Os macacos bugios *(acima)* e os inquietos quatis *(abaixo)* estão entre os mamíferos mais fáceis de serem encontrados nesta região

O casal de ilhéus Heleno e Balbina habita a ilha Aparecida e teme a desapropriação

A região apresenta diversos sítios históricos e arqueológicos que foram estudados por cientistas para esclarecer a dinâmica da ocupação humana no sul do continente. Entre os povos que habitaram esse território, destaca-se a etnia guarani, cujos descendentes ainda moram em algumas poucas casas próximas ao rio.

Uma mistura de culturas indígena de guaranis caiovás com agricultores, pecuaristas e pescadores formou um estilo de vida próprio das ilhas do rio Paraná: os ilhéus, como eles se definem, são pequenas famílias que continuaram habitando o rio e seguindo modos de vida tradicionais, plantando e pescando apenas para seu próprio consumo e contando com a abundância e a limpeza do rio para viver.

Os hábitos dos ilhéus, ou ribeirinhos, convivem tranquilamente com as limitações de um parque nacional. O que preocupa essa população tradicional é a possibilidade de ter que deixar essas terras em função das desapropriações. Elas aconteceram na criação do parque, quando agricultores e pecuaristas tiveram que deixar suas ilhas, e também recentemente, quando a Justiça ordenou a demolição de casas de veraneio construídas de forma irregular.

O casal de ilhéus Heleno Pereira e Balbina Pereira vive esse medo, embora o parque não tenha tomado nenhuma medida contra as populações ribeirinhas. Eles habitam a ilha Aparecida com o primo de Balbina, João Rodrigues. Os irmãos são os últimos descendentes de guaranis caiovás que continuam vivendo em uma ilha do rio.

TURISMO DE BANHISTAS E PESCADORES

Enquanto populações tradicionais encontram no parque nacional um espaço de resistência, ele também é ambiente de negócios para paranaenses de cidades como Porto Camargo e Porto Príncipe, que apostam no ecoturismo. As praias do rio Paraná recebem banhistas em praticamente toda sua extensão, mas é ali, no trecho de natureza mais preservada, que elas ganham o maior potencial turístico ao acolher milhares de banhistas assim como pescadores amadores.

Lúcio explica como acontecia a pesca indígena na região

Os investimentos em turismo ainda são recentes e atraem pessoas de outras regiões. São empreendedores como o paraense Lúcio Freire dos Santos, que há sete anos deixou a Amazônia por acreditar no turismo de Porto Camargo. Dono de um hotel e um barco de passeio, ele estuda a região para oferecer aos turistas algo além das praias: conhecimento sobre a natureza do rio. Durante o passeio de barco, emenda paradas para observação das ilhas com histórias dos indígenas que as habitaram e ajudaram a nomeá-las.

Conhecer o que vem antes e depois daquele trecho do rio ajuda a entender a importância da conservação e como ela convive com

O pajé Ernesto Veron, da região de Porto Camargo, faz trabalhos de cura e atua pela demarcação de terras

ıı A cidade paranaense de Porto Rico é uma das portas de entrada para o trecho mais preservado do rio Paraná

tantos outros usos do rio Paraná. Cercado por reservatórios, o trecho de curso livre tem secas e cheias semanais.

Quando a demanda por energia elétrica cai no fim da sexta-feira, a usina Porto Primavera, rio acima, reserva mais água, diminuindo a vazão e, consequentemente, baixa o nível das águas do rio no seu trecho natural. Ao amanhecer da segunda-feira, a demanda por energia elétrica volta a subir e, com ela, a quantidade de água que passa pelas turbinas de Porto Primavera para depois banhar Porto Camargo também é maior. As oscilações moldam a navegação, a ocupação das ilhas e das praias.

Quem sabe bem disso é Alex Sandro Cardoso, que visita o rio logo pela manhã, pelo menos três vezes por semana, para praticar remo. Na companhia do filho, o adolescente William Cardoso, ele coloca os caiaques na água – um presente do irmão – e rema pelo menos por uma hora entre as ilhas do rio. Não é fácil acompanhá-los. A paisagem tranquila faz a atividade parecer mais suave do que realmente é. O esporte ativa braços, tronco e pernas, recrutando todo o corpo para um movimento consistente e constante, em um ritmo que pai e filho mantêm desde 1992. De lá para cá, Alex observa a regeneração natural da mata atlântica nas ilhas que antes eram ocupadas por fazendas de gado. E repara que novas ilhas estão surgindo. "Aquela ali se formou de quatro anos para cá", ele aponta. "Como dizia a música de Almir Sater, os caminhos mudam com o tempo", explica.

O turismo também garante a Alex um negócio à beira do rio: seu restaurante é parada obrigatória para os pescadores amadores – diferente dos banhistas que procuram a região nos feriados e no verão; esses visitam a região ao longo de todo o ano.

Entre uma pescaria e outra, sentam à mesa para um clássico dos cardápios em toda a extensão do Paranazão: a peixada. Uma coleção de pratos preparados com peixes em diversas formas, todas inclusas: o bolinho frito de peixe, a costela de peixe frita, iscas de peixe também fritas; um bom filé de pintado cozido e, ainda, um pirão (caldo de peixe com farinha). Tudo isso acompanhado dos indispensáveis arroz, feijão, farofa e salada.

Se a abundância e diversidade de peixes no rio são flagrantes na mesa, as águas do Paraná também alimentam por outras vias menos óbvias. Toda a salada do restaurante do Alex vem da horta do seu João Antônio Ramalho, produtor local que ainda fornece hortaliças para comércios e escolas públicas da região.

Criativo e curioso, seu João não para de experimentar novas formas de cultivo. Em uma rápida visita à sua horta, onde também cria vacas leiteiras e gado de corte, ele mostra a recém-construída estufa para hortaliças, o apelo ao pesticida diante de uma praga que atacou os

O produtor João Antônio Ramalho e a mulher fornecem hortaliças para escolas e restaurantes. Em Porto Camargo, onde vivem, plantações, como as de milho, são regadas com as águas do rio

Entre Porto Rico e Porto Camargo, existem muitas praias de rio que atraem moradores e turistas o ano inteiro

tomateiros, o orgulho da sua produção "90% orgânica" e a criatividade da natureza. "Plantei esse pé de pimenta-bode do lado do pimentão. Não foi porque eu quis, mas cruzaram e saiu esse veneno puro: ardida que só; quem experimentou, saiu água do olho", conta aos risos. "Vou testando, quebrando a cara, aprendendo", explica.

Ele reconhece que a proximidade com o rio facilita a rega das hortaliças. "Rego direto da bomba do poço artesiano. Ia furar 100 metros para fazer o poço, mas com 85 metros já jorrou água", ele revela, enquanto mostra a produção diversificada: pepino, alface, couve, rúcula etc. Outra vantagem que o surpreendeu foi a água limpa e livre de contaminações. "Vieram fazer o teste aqui e deu água mineral; não precisa de tratamento", garante.

Vídeo captado com drone, no encontro dos rios Paranapanema e Paraná

RIO LIVRE

O trecho de curso livre do rio Paraná também dá expediente como berçário de peixes. A região de planície é oportuna para a desova durante os períodos de cheia, quando o rio transborda em áreas de várzeas. Boa parte dos peixes que habita o rio Paraná não acompanha o desenvolvimento da prole, mas estrategicamente desova próximo às margens inundadas. Quando o rio volta à sua calha durante a seca, essas margens viram lagoas e abrigam os recém-nascidos, oferecendo proteção de possíveis predadores.

Entre os peixes nativos do rio Paraná, destacam-se o pintado, dourado, surubim e diversas espécies de cascudo, além do gigante jaú, que pode medir até 1,90 metro de comprimento e pesar até 100 quilos. Esse último está no topo da cadeia alimentar e tem sido cada vez menos visto pelo rio – o que indica que há pouco alimento para o grande predador. Um concorrente voraz é o intruso tucunaré, que veio da Bacia Amazônica nos anos 1980 após o rompimento de uma represa em uma fazenda no Mato Grosso. Medindo de 30 centímetros a 1 metro e pesando no máximo 10 quilos, a espécie adaptou-se bem ao rio Paraná e, com uma enorme boca que se projeta para além do maxilar, alimenta-se de qualquer peixe, pequeno ou grande – basta que passe pela sua frente.

Outro intruso que ganhou as águas do Médio e Alto Paraná foi a arraia. Sem predadores naturais e longe do gosto dos pescadores, ela não ataca ninguém, mas espanta a todos com seu mecanismo de defesa: quando algo esbarra em seu corpo, reage aplicando uma ferroada com sua cauda. O ferrão carrega veneno e causa fortes dores. Embora seja uma mestra da camuflagem, misturando-se com o leito do rio enquanto nada quase se rastejando próxima do chão, a arraia não vencia o desnível das Sete Quedas, em Guaíra. A espécie só ganhou toda a extensão do rio Paraná após o alagamento que levaria à construção da usina Itaipu, em 1982, permitindo que ela subisse o rio em direção à nascente.

A raia-de-água-doce, ou arraia, que ampliou seu habitat após o enchimento da represa de Itaipu

Cardume de abotoados, também chamados de armados ou mandi-capetas *(acima)*, e o grande jaú *(abaixo)*, observado por mergulhador, perto de Porto Rico (PR)

O mandi-paraguaio *(acima)* passeia pelo leito do rio e um cascudo-abacaxi, também conhecido por cascudo-pintado *(abaixo)*, procura abrigo nas pedras

Reportagem de TV com imagens de Sete Quedas antes de sua inundação

O FIM DAS SETE QUEDAS

O monumento natural atraía turistas do mundo todo. Muito mais de sete quedas; eram sete grupos reunindo um total de 18 cachoeiras jorrando 13 milhões de litros de água por segundo, a uma altura de 114 metros. A magnificência ocupava o segundo lugar no ranking das maiores cachoeiras do mundo em volume de água, perdendo apenas para as quedas de Boyoma, no Congo. Assim esse conjunto de cachoeiras levava o rio Paraná à fama internacional, fazendo com que o município de Guaíra (PR) estivesse entre os destinos turísticos brasileiros mais visitados por estrangeiros.

Mas a potência das quedas inspirava o governo militar em outra direção. Em 1966, um decreto assinou o destino das Sete Quedas: elas ficariam submersas com o enchimento do reservatório de Itaipu, que se tornaria a maior usina hidrelétrica do mundo na época.

Entre os anos 1950 e 1980, visitantes europeus, americanos e japoneses desembarcavam no Porto de Santos, atravessavam o interior paulista de trem e, em Presidente Epitácio, pegavam o barco para navegar até as Sete Quedas.

O anúncio do fim, marcado para outubro de 1982, aumentou o fluxo de visitas. Em janeiro daquele ano, o crescimento descontrolado de visitantes levou ao rompimento de uma das pontes que permitiam a travessia entre os grupos de cachoeiras, resultando na morte de 32 pessoas. A tragédia aprofundou a tristeza na despedida de Sete Quedas, que levou 14 dias para submergir com o alagamento.

O comissário de bordo Wilson Cruz fez em 1982, em clima de tristeza, a primeira viagem pelas águas do reservatório

II Sete Quedas, um conjunto de 18 cachoeiras, ficou submerso com a criação do reservatório da usina Itaipu

ÁGUAS NUNCA NAVEGADAS

O navio motor Epitácio Pessoa, que costumava navegar com os turistas desde Presidente Epitácio até Guaíra e que transportou boa parte dos imigrantes japoneses até a cidade paranaense nos anos 1960, foi a primeira embarcação a fazer a travessia sobre as Sete Quedas após o enchimento do reservatório de Itaipu, segundo o então comissário de bordo Wilson Cruz. Ele conta que a viagem 'em águas nunca antes navegadas' foi marcada por sustos, desafios; mas, principalmente, pelo sentimento triste de despedida de uma era.

Com o fim do atrativo turístico, os passeios de barco foram ficando cada vez mais esporádicos. Em consequência, a população do município de Guaíra diminuiu.

Vez ou outra, a diminuição do nível da água surpreende os ribeirinhos e deixa visível na superfície um rastro de queda-d'água, como se fosse o topo da cabeça das cachoeiras lembrando que elas não foram destruídas. Continuam lá embaixo d'água, guardadas para a eternidade.

LITERATURA

Adeus às cachoeiras

Homenagens artísticas marcaram o adeus a Sete Quedas. Em 1980, os compositores Leontomar Valverde e Roberto de Oliveira foram os autores da música "Sete Quedas", vencedora do I Festival Paranaense de MPB. O poeta, que já tinha se solidarizado com a submersão de Rubineia, também voltou a chamar a atenção para o rio Paraná. Em 9 de setembro de 1982, Carlos Drummond de Andrade publicou no Jornal do Brasil sua despedida, no poema "Adeus a Sete Quedas".

Acesso à íntegra do poema "Adeus a Sete Quedas"

Sete quedas por mim passaram,
e todas sete se esvaíram.
Cessa o estrondo das cachoeiras, e com ele
a memória dos índios, pulverizada,
já não desperta o mínimo arrepio.
Aos mortos espanhóis, aos mortos bandeirantes,
aos apagados fogos
de Ciudad Real de Guaira vão juntar-se
os sete fantasmas das águas assassinadas
por mão do homem, dono do planeta.

Aqui outrora retumbaram vozes
da natureza imaginosa, fértil
em teatrais encenações de sonhos
aos homens ofertadas sem contrato.
(...)

Carlos Drummond de Andrade

Escultor de lendas

Ele já tinha viajado o mundo – ou pelo menos boa parte dos países da América Latina e da Europa – quando foi conhecer as Sete Quedas, em 1975. Maravilhado, resolveu que não sairia mais dali. Pernambucano, o teólogo Antonio Augusto Sobrinho largou a carreira de padre e fixou residência em Guaíra. Casou-se, teve quatro filhos, mas não abandonou o apelido de frei Pacífico, como é conhecido na cidade até hoje. O encanto com a região o levou a pesquisar sobre a história, as lendas e a cultura indígena, homenageada em cada canto da sua casa com obras de cerâmica. Nelas, o frei torna concretas as histórias factuais ou lendárias que marcaram o desenvolvimento da região.

Depoimento de frei Pacífico sobre a relação de padres e índios na região de Guaíra (PR)

CIDADE À BEIRA DO RIO

Guaíra, cidade fronteira hoje

Guaíra é um município situado a 679 quilômetros da capital paranaense. Com o fim de Sete Quedas, na década 1980, a diminuição do fluxo de turistas fez a cidade encolher. O crescimento foi retomado nos últimos anos e, hoje, são mais de 32 mil habitantes vivendo às margens do rio Paraná.

A compensação pela perda das receitas com turismo vem por royalties de Itaipu. Além disso, a economia de Guaíra é sustentada principalmente pela agricultura *(ao lado)*, além de contar com atividades industriais ligadas à exploração da madeira.

O município ainda aposta na retomada do turismo em torno do rio Paraná. A cidade é ligada ao Mato Grosso do Sul pela ponte Ayrton Senna *(abaixo)*. Com 3.600 metros de extensão, é a segunda maior ponte fluvial do Brasil. O turismo de compras também tem seu espaço, devido à proximidade da cidade de Salto del Guairá, no Paraguai. A fronteira com o país vizinho demanda trabalho intenso de fiscalização da Polícia Rodoviária Federal para coibir o contrabando e evitar outras atividades ilícitas.

Caminhos diplomáticos

Na descida rumo ao exterior, desta vez é a natureza que pede um desvio à história. Vamos até às famosas cataratas. No afluente Iguaçu, elas estão a apenas 20 quilômetros do encontro com o Paraná e são um encanto para os que as visitam, pelo lado brasileiro ou argentino.

Muito antes de qualquer ameaça ou projeto concorrente, a proteção das cataratas foi sugerida pelo engenheiro André Rebouças em 1876, no livro "Província do Paraná, Caminhos de Ferro para Mato Grosso e Bolívia". Negro, abolicionista e um dos pioneiros na exploração madeireira no estado do Paraná, ele ficou fascinado com as Sete Quedas e as Cataratas do Iguaçu assim que chegou à região. Registrou em seu livro que elas deveriam permanecer intactas, para dar "às gerações vindouras" o direito de conhecer as cachoeiras "tal como Deus criou".

Protegidas no interior do Parque Nacional do Iguaçu desde 1939, as cataratas são consideradas pela Organização das Nações Unidas para a Educação, a Ciência e a Cultura um dos patrimônios naturais da humanidade. E este é um título que o Brasil divide com a Argentina. A separação entre os dois países imposta pelo rio Iguaçu não significou, diante da maravilha das cachoeiras, uma divergência sobre a vocação daquelas águas. Ambos os países compartilham o compromisso de conservação natural e também o sucesso de público. As cataratas recebem quase 3 milhões de visitas por ano, somando os ingressos nos parques brasileiro e argentino.

Cataratas do Iguaçu, um dos patrimônios naturais da humanidade, na fronteira do Brasil com a Argentina *(págs. anteriores)*

DISPUTA POR FRONTEIRAS

As águas de um rio que demarca fronteiras não são igualmente divisíveis. Compartilhá-las exige uma diplomacia madura, que foi conquistada na região após um histórico de conflitos, marcados definitivamente pela Guerra do Paraguai (1864 a 1870).

Ironicamente, o objetivo do Paraguai era o mesmo de todo rio: acessar o mar. No entanto, o Brasil era favorável à livre navegação nos rios da bacia do Prata, com o que o Paraguai não concordava.

O país, sob a ditadura de Francisco Solano López, buscava uma saída para o oceano Atlântico, almejada através da conquista de terras.

A Guerra do Paraguai envolveu vários países, durante seis anos de conflitos sangrentos. Batalhas foram registradas por meio de pinturas, como a de Riachuelo *(ao lado, acima)*

Registro da década de 1930 do prédio da Companhia Matte Larangeira, em Buenos Aires, que comercializava erva-mate

Brasil, Uruguai e Argentina aliaram-se contra a empreitada e tiveram ainda o apoio da Inglaterra.

Enquanto o rio Paraguai permaneceu como o núcleo constante de cada uma das fases da guerra, as margens do rio Paraná foram palco de apenas alguns episódios das batalhas. A dificuldade de transpor os rios, de árdua navegabilidade, serviu como obstáculo físico da guerra.

O conflito terminou em 1870 com a morte de López e de cerca de 20% da população paraguaia, que também teve sua economia arruinada e perdeu parte do seu território para a Argentina.

O fim da guerra trouxe perspectivas e prosperidade econômica à região, até então pouco explorada. No fim do século 19 e início do século 20, o uso de terras para a pecuária no oeste paranaense implicava a retirada de madeira, que era transportada pelo rio para comercialização. As operações, chamadas obrages, faziam a abertura da floresta por meio de picadas, corte das árvores e preparação da madeira para a descida das águas, com portos estabelecidos entre Guaíra e Foz do Iguaçu.

Assim como a exploração madeireira e a pecuária, o cultivo de erva-mate foi outro grande responsável pelo desbravamento do Mato Grosso do Sul e do oeste paranaense.

A SAGA DO MATE

Foi como recompensa pelo seu apoio na Guerra do Paraguai que o comerciante Thomas Larangeira recebeu do imperador dom Pedro 2º direito de exploração de erva-mate. A Companhia Matte Larangeira, que emprestou do seu proprietário o sobrenome e a grafia com 'g', foi estabelecida nas cidades de Porto Murtinho (MS) e Guaíra (PR), estrategicamente às margens do rio Paraná, usado para o escoamento da produção de erva-mate cultivada no atual Mato Grosso do Sul. Para fluir a produção a partir de Guaíra (de onde a navegação era impedida pelos saltos das Sete Quedas), a empresa construiu suas próprias ferrovias para facilitar o escoamento da produção por Porto Murtinho (MS), pelo rio Paraguai e, mais tarde, por Guaíra, pelo rio Paraná.

A partir de 1917, locomotivas a vapor inglesas e alemãs passaram a fazer a ligação de 60 quilômetros entre Guaíra e Porto Mendes – no atual município de Cândido Rondon (PR), para escoar a produção por terra, no trecho em que o rio Paraná não era navegável por causa da barreira natural de Sete Quedas.

Entre o porto em Guaíra e a linha de trem, a produção era puxada por 20 mil bois em centenas de carretas até Porto São João,

O plantio de erva-mate *(acima)* movimentou a economia do oeste paranaense e do atual Mato Grosso do Sul na década de 1930. Muitos imigrantes foram se estabelecer na região *(abaixo)*

Depoimento do chefe do Parque Nacional do Iguaçu

45 quilômetros ao sul. Grande parte da mão de obra era indígena, especialmente guarani e caiová. Entre 1893 e 1947, a empresa foi o maior investimento privado da região e chegou a emprestar dinheiro ao estado do Mato Grosso na década de 1920. O crescimento das exportações era alavancado pelo isolamento do Paraguai – que, sob ditadura, proibiu as exportações de erva-mate – e pelo consumo de países como Uruguai e Argentina. O chamado "ciclo da erva-mate" impulsionou o povoamento dos estados de Santa Catarina e do Paraná, que conseguiu se emancipar de São Paulo em 1853, deixando de ser a quinta comarca de São Paulo para se tornar a província do Paraná.

O declínio da produção brasileira de erva-mate no país veio com o início de cultivos concorrentes na Argentina, que ultrapassaria o Brasil nos níveis de produção da erva. A Companhia Matte Larangeira fechou as portas em 1943, quando o governo de Getúlio Vargas criou o Serviço de Navegação da Bacia do Prata e cancelou as concessões da empresa, tornando suas ferrovias de uso público.

O hábito de beber uma infusão de erva-mate persiste até hoje nas regiões Centro e Sul do Brasil, assim como na Argentina, no Paraguai, na Bolívia e no Chile. Além do chá quente, conhecido no Rio Grande do Sul como chimarrão, também é comum um modo de consumo herdado dos guaranis e presente nos estados do Mato Grosso do Sul e do Paraná: a infusão fria, conhecida como tererê.

DIPLOMACIA CONQUISTADA

Impasses sobre as fronteiras entre Brasil e Paraguai atravessaram o período colonial e se acirraram durante a Guerra do Paraguai. Nem o tratado de paz que findou o conflito deu conta de estabelecer fronteiras específicas na região de Sete Quedas e as divergências continuaram. Com a descoberta do potencial de geração hidrelétrica daquele trecho, a história se inverteu e, pela primeira vez, os dois países aventaram a hipótese de se unirem para produzir energia.

A construção da Ponte da Amizade permitiu que o Paraguai exportasse seus produtos atravessando território brasileiro, o que aumentou o ambiente de cooperação. Em 1974, o entendimento diplomático alcança uma solução jurídica: a construção de uma empresa internacional, pertencente ao Brasil e ao Paraguai. A Argentina não se contentou e chegou a levar o assunto para debate da Assembleia Geral da ONU, em 1972, sob o receio de ser prejudicada pelo aproveitamento das águas do Paraná antes do deságue em seu território. O descontentamento argentino não chegou a representar um impedimento para as obras de Itaipu, que por 40 anos foi a maior hidrelétrica do mundo, com 14 mil megawatts de capacidade instalada. Só foi ultrapassada em 2012 pela usina chinesa Três Gargantas (22,5 mil megawatts).

Rotor de uma das 20 unidades geradoras de Itaipu. Cada uma tem capacidade de 700 MW

Faixa de proteção do reservatório de Itaipu, que reduz a erosão das margens e se torna um corredor para a fauna

CIDADE À BEIRA DO RIO

Foz do Iguaçu hoje

Sede de Itaipu e das cataratas, a cidade de Foz do Iguaçu (PR) tornou-se um centro de atrativos turísticos. A cidade também marca a tríplice fronteira do Brasil com a Argentina, dividida pelo rio Iguaçu; e com o Paraguai, marcada pelo rio Paraná. Os dois vizinhos não apenas margeiam a cidade, mas deixam suas marcas por ela. Não é preciso atravessar a fronteira para comer um prato argentino. O chorizo – corte típico do churrasco argentino – é encontrado em qualquer restaurante em Foz. Nas lanchonetes, uma refeição rápida é a sopa paraguaia – um tipo de pão de milho salgado e bem temperado, inventado pelos soldados paraguaios durante a guerra, por ser fácil de carregar entre as batalhas (ou, ao menos, mais fácil do que uma sopa).

Mas a cidade não convive só com a diversidade ocasionada pelas fronteiras argentina e paraguaia. Ali, uma amostra da diversidade de etnias do planeta convive pacificamente: árabes, chineses, libaneses dividem espaços e se dedicam principalmente ao comércio.

As compras no Paraguai, afinal, somam-se aos interesses dos turistas que visitam a região. No entanto, se o baixo imposto é uma vantagem paraguaia ao consumo, a convivência com o tráfico e o contrabando de mercadorias também marca a região. O rio Paraná é usado como rota de tráfico

durante a noite, quando pequenas embarcações, guiadas por apenas um tripulante e abarrotadas de produtos, cruzam do Paraguai para o Brasil, com baixa eficácia da fiscalização dos dois países.

Ainda que as trocas se concentrem no comércio, com pouco intercâmbio cultural entre as mais de 70 etnias que convivem em Foz do Iguaçu, a cidade acolhe diversos templos religiosos e tem estimulado o turismo voltado às religiões, que promove visitas a duas catedrais católicas, um templo budista e duas mesquitas. A cidade abriga a segunda maior comunidade árabe no país, atrás apenas de São Paulo. São libaneses, sírios, egípcios e palestinos, que também marcam presença em Ciudad del Este, no Paraguai.

A Ponte da Amizade, sobre o rio Paraná, liga Foz do Iguaçu a Ciudad del Este, no Paraguai *(acima)*. O Marco das Três Fronteiras, em Foz, é palco frequente de apresentações culturais *(ao lado)*

Vídeo da apresentação cultural no Marco das Três Fronteiras

Entre as atrações da cidade estão o Parque das Aves, um santuário ecológico *(acima)*, com imensos viveiros, e a visita a Itaipu, onde se visualiza um pedaço do leito original do rio Paraná *(abaixo)*

A diversidade étnica e religiosa está presente em Foz do Iguaçu. São exemplos disso o templo budista Chen Tien *(acima)* e a mesquita Omar Ibn Al-Khatab *(abaixo)*

II A tríplice fronteira, entre Brasil, Argentina e Paraguai, determinada pelos rios Paraná e Iguaçu.

Ao fundo, a Ponte da Amizade, que liga o Brasil ao Paraguai, e a represa de Itaipu

HISTÓRIA

República Guarani por 150 anos

Por quase 150 anos, entre 1609 a 1768, prosperou no sul do Brasil e em territórios do Paraguai e Argentina uma organização social completamente diferente do sistema colonial vigente à época. Uma associação entre jesuítas servindo à Coroa Espanhola e índios guaranis criou uma verdadeira "República Guarani", como nomeou o historiador Clovis Lugon. Padre suíço, ele pesquisou o fenômeno acreditando que essa foi uma sociedade ideal, que ainda serviria de modelo para a sociedade do futuro, quando os guaranis dos Sete Povos fossem reconhecidos como pioneiros do socialismo cristão.

A união entre jesuítas e guaranis permitiu a construção de comunidades igualitárias, sem hierarquia, com participação social, inclusive para eleição de representantes. Assim como o restante do sistema colonial, os jesuítas viam os indígenas como uma força de trabalho. A diferença é que, em vez de submetê-los à escravidão como tentavam os bandeirantes, eles aceitaram a forma de organização comunitária através da qual trabalhavam. Do outro lado, consta que os guaranis de alguma forma toleraram a evangelização.

Isso só foi possível porque, diferentemente de outras etnias, os guaranis receberam bem a chegada dos jesuítas, visto que estavam em guerra contra outros povos, como os guaicurus, e precisavam de aliados. Quando perceberam as tentativas de dominação, rebelaram-se repetidas vezes contra os jesuítas. Tinham em comum outro inimigo: os bandeirantes, cujas práticas de violência e escravização não eram aceitas pelos padres.

Sem se rebelar contra o sistema colonial, eles conseguiram outra via para integrar os indígenas: as reduções jesuíticas eram povoados que se sustentavam com a própria produção e ainda exportavam o excedente. Um dos produtos que trouxeram sucesso financeiro à empreitada foi a erva-mate, que em 1638 seria levada para outras regiões após uma invasão bandeirante às Missões de Guaíra. Embora integrassem a economia colonial, viviam uma organização social e política própria: os produtos e os meios de produção eram coletivos e não havia divisão de classes sociais.

Os chamados Sete Povos das Missões começaram com 18 povoados e chegaram a 30. À medida que cresciam e se transformavam em verdadeiras cidades, incomodavam as cortes europeias, que começavam a entender como ameaça a prosperidade de um poder independente em suas colônias. Estima-se que os povoados da República Guarani tenham chegado a um total de 300 mil habitantes.

II Ruínas da Igreja de São Miguel Arcanjo, de 1735, em São Miguel das Missões (RS)

Novos ataques de bandeirantes, inclusive de Raposo Tavares, obrigavam as reduções a migrarem mais ao sul, atravessando o rio Uruguai em direção ao leste. Nos últimos anos de sobrevivência, ocuparam partes da Argentina e do Rio Grande do Sul. Mas foi uma jogada política que acabou de vez com a experiência: a assinatura do Tratado de Madri (1750), que redefinia os limites das colônias portuguesa e espanhola até então firmados pelo Tratado de Tordesilhas. Com ele, os reis das duas nações colonizadoras reafirmavam serem eles os donos das terras de Sete Povos das Missões.

Porém o desfecho não foi aceito passivamente. Os guaranis resistiram e deram início à Guerra Guaranítica (1753-1756) contra as tropas espanholas e portuguesas. O conflito criou um herói da resistência guarani, depois alçado a santo popular: São Sepé Tiaraju. O guarani ficou órfão de pai e mãe, vítimas da escarlatina, que também o atacou e deixou cicatrizes pelo corpo, incluindo uma marca de meia-lua em sua testa. Criado por jesuítas, Tiaraju foi um dos líderes da resistência e sua memória ficou registrada na literatura por Basílio da Gama no poema "O Uraguai" (1769) e por Erico Veríssimo no romance "O Tempo e o Vento". Em uma carta escrita ao governo espanhol no auge do conflito, Tiaraju teria dito: "Nossa riqueza é a nossa liberdade. Esta terra tem dono e não é nem português nem espanhol, mas guarani".

Ruínas da missão jesuíta Jesus de Tavarangue, no Paraguai

11 Ruínas da missão jesuíta San Ignacio Miní, na Argentina

AO LONGO DO PARAGUAI E ARGENTINA

Após assinalar a tríplice fronteira, o rio Paraná segue seu trabalho diplomático desenhando os contornos entre a Argentina e o Paraguai. Na fronteira, a cidade paraguaia de Encarnación nasceu de uma das reduções jesuíticas e hoje prospera como terceira maior economia do país, atrás apenas da Ciudad del Este e a capital, Assunção.

O compartilhamento de recursos proposto pelo rio Paraná cria entre Argentina e Paraguai mais uma parceria hidrelétrica em seu curso: a usina Yacyretá, construída em 1983, com capacidade de 3.100 megawatts. É o último represamento no curso do rio, que dali em diante corre solto, ainda que com destino certo ao mar.

Numa curva decidida ao oeste, o Paraná segue para o encontro do seu maior afluente, o rio Paraguai, que deságua ali depois de carregar suas águas por 2.692 quilômetros. A reunião dos rios marca a ponta extrema do sudoeste paraguaio. Ali, termina o Paraguai. De agora em diante, é todo Argentina.

A descida pelo país começa margeando a cidade de Resistência, cujo nome remete à resistência indígena contra a evangelização, que levou a um atraso na colonização do local, consolidada apenas no fim do século 19. Ele faz poesia ao nomear a província de Entre Ríos, estabelecida exatamente entre os rios Uruguai e Paraná – que também batiza a cidade de Paraná, a capital da província. Depois, segue para banhar a cidade de Rosário.

Às margens do rio Paraná, a cidade de Encarnación, no Paraguai, tem praias muito frequentadas no verão. Navios aguardam a sua vez para atracar no porto fluvial de Rosário, na Argentina *(ao lado)*

A hidrelétrica Yacyretá, compartilhada por Argentina e Paraguai *(abaixo)*

tigo
CAMEL

HISTÓRIA

O mito da Serra da Prata

O batismo da bacia do rio da Prata não veio à toa. No início da colonização do continente, portugueses e espanhóis organizaram diversas missões em busca das minas de prata, que poderiam ser acessadas subindo o rio Paraná e seus afluentes a partir do oceano, e depois por terra até as montanhas andinas, dominadas pelo império inca. As notícias eram transmitidas pelos guaranis no sul do Brasil. Contavam que a Serra da Prata era abundante em prata e ouro.

Potosí, na Bolívia, origem da maior parte da prata extraída no século 16

Eles conheciam bem o interior do continente e descreviam a rota em detalhes. Já a haviam explorado em correntes migratórias, 'em busca da terra sem males', criando o caminho do Peabiru, como também em ofensiva contra os incas, no atual território boliviano, por volta de 1400, um século antes da colonização.

Em 1516, o náufrago português Aleixo Garcia passou a conviver com índios guaranis em Santa Catarina e eles lhe contaram, em 1523, sobre a existência do caminho sagrado do Peabiru, que ligava o litoral aos Andes. Descrevendo um povo que construía com pedras, os guaranis também lhe avisaram sobre a existência dos incas. Uma expedição de Aleixo Garcia junto aos guaranis o levou a conhecer os povos incas pelo menos sete anos antes dos espanhóis.

As informações fornecidas pelos nativos da bacia platina incluíam também referências aos índios caracaraes e suas minas de prata, que foram identificadas pelos espanhóis como as ricas jazidas de Potosí, na Bolívia. Elas passaram a ser exploradas ainda na primeira metade do século 16 e, no século seguinte, a cidade tornou-se a maior produtora de prata do mundo, alcançando 150 mil habitantes. Porém, no início do século 19, a maior parte da prata já havia se esgotado e a população baixou para 8 mil habitantes.

No clássico livro "Dom Quixote", de 1611, o escritor Miguel de Cervantes usava a expressão "vale um Potosí" para se referir a algo que valia uma fortuna. Para os indígenas, contudo, a palavra Potosí significava "explosão". Conscientes da existência de prata no local, eles seguiam uma lenda segundo a qual um estrondo vindo do céu aconselhava a não explorar o metal da região.

11 Antes de desaguar no Atlântico, o rio Paraná forma um amplo delta, que chega a atingir 60 km de largura

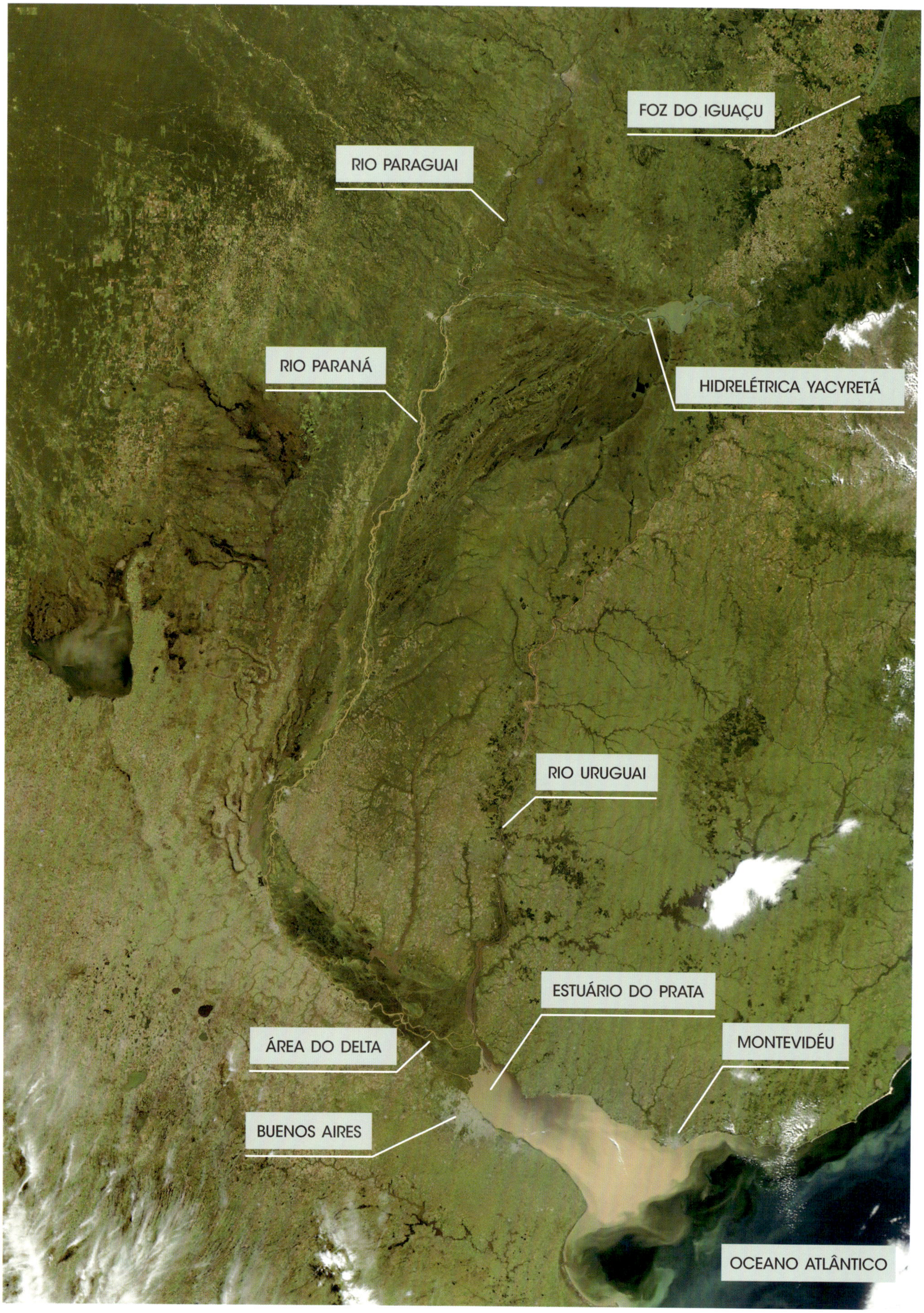
FOZ DO IGUAÇU
RIO PARAGUAI
RIO PARANÁ
HIDRELÉTRICA YACYRETÁ
RIO URUGUAI
ESTUÁRIO DO PRATA
ÁREA DO DELTA
MONTEVIDÉU
BUENOS AIRES
OCEANO ATLÂNTICO

RUMO AO ATLÂNTICO

Nos últimos quilômetros de percurso, as águas que viajam desde o centro do Brasil, do interior do Paraguai e até Bolívia, se espalham em um delta que alcança até 60 quilômetros de largura. Como numa cerimônia de despedida, dançam em um novo formato. O labirinto de rios atrai turistas para passeios de barcos do tipo catamarã, canoa canadense e outros. Navegam curiosos entre as ilhas e param para conhecer seus habitantes ribeirinhos e suas casas de palafita. A região de terras inundadas pelo delta na Argentina é protegida em boa parte pelo Parque Nacional Pré-Delta e pela Reserva da Biosfera do Delta do Paraná.

Já no estuário, a transição entre águas fluviais e marinhas encontra também as águas do rio Uruguai. O deságue dos dois grandes rios no oceano Atlântico ocorre no estuário entre Buenos Aires e Montevidéu. Foi por aqui que os primeiros exploradores espanhóis subiram o rio Paraná e seus afluentes no século 16, até chegarem ao altiplano andino em Potosí, atual Bolívia, de onde veio a prata que irrigou os cofres da Coroa Espanhola durante séculos. E desde então o estuário desses rios que permitiram o escoamento desse, e de outros metais preciosos, foi chamado de rio da Prata, e a bacia do Paraná tornou-se conhecida como do Prata, ou Platina.

DIPLOMACIA SEM FIM

Exceto as que evaporaram ou foram capturadas pelo caminho, as águas que um dia choveram em Brasília, que brotaram da nascente do Tietê (SP), que passeavam pelas curvas do Ivinhema (MS), que percorreram os rios Paraguai e Uruguai, alcançam o oceano Atlântico no estuário do Prata, entre Buenos Aires e Montevidéu, seu rumo inexorável e obrigatório.

O rio viaja no espaço, obstinado pelo encontro com outras águas: afluentes, delta, Prata, mar. Mas no tempo, permanece. Atravessa gerações e continua, fincado na terra e na história.

O fluxo das águas conhece seu próprio caminho, desde os tempos pré-históricos, de quando as margens guardaram tesouros arqueológicos. O rio Paraná se fez obstáculo em tempos de guerra e generoso em tempos de paz – quando, por exemplo, passou a sugerir que as nações compartilhassem seus recursos.

Merece ser reconhecido. Desde a diplomacia, rumo natural que escolheu para si, até a geração de energia, uma vocação que nós, humanos, criamos para o Paranazão; o rio é o rumo das histórias que conta. E entre seu constante nascer e desaguar, pede passagem no tempo.

Visão de satélite permite acompanhar o trajeto do rio Paraná na Argentina, até o mar. O estuário do Prata, também chamado de rio da Prata, aparece em cor marrom *(pág. anterior)*

Referências bibliográficas

LIVROS

AGÊNCIA NACIONAL DE PETRÓLEO, GÁS NATURAL E BIOCOMBUSTÍVEIS. Bacia do Paraná: sumário geológico e setores em oferta, Rio de Janeiro, 2017. Disponível em: <http://rodadas.anp.gov.br/arquivos/Round14/Mapas/sumarios/Sumario_Geologico_R14_Parana.pdf> Acesso em 09 jul 2019.

ALTAMIRANO, Marcos Antonio. et al. História Del Chaco. Argentina, Dione, 1987. Disponível em: <https://web.archive.org/web/20070930224418/http://www.chaco.gov.ar/Cultura/chaco/tema007.htm>. Acesso em: 15 mai 2019.

CUNHA, Euclides da. À margem da história. São Paulo, Lello Brasileira, 1967, p. 128.

DELVAUX, Marcelo Motta. As minas imaginárias. 2009, 258f. Dissertação de Mestrado – Universidade Federal de Minas Gerais, Belo Horizonte, 2009. Disponível em: <http://livros01.livrosgratis.com.br/cp118630.pdf>. Acesso em: 05 mai 2019.

GEOLÓGICA, Comissão Geográfica e. Exploração do Rio Paraná: I barra do Rio Tietê ao Rio Paranahyba. II barra do Rio Tietê ao Rio Paranapanema. São Paulo, 1911, 2 ed.

KASHIMOTO, Emília Mariko; MARTINS, Gilson Rodolfo. Uma longa história em um grande rio: cenários arqueológicos do alto Paraná, Campo Grande, Editora Oeste, 2005, Disponível em: <http://muarq.sites.ufms.br/files/2015/05/um_longa_historia_em_um_grande_rio_cenarios_arqueologicos_do_alto_parana.pdf>. Acesso em: 28 jun 2019

MACAULAY, Neill. A coluna prestes, Editora Difel, 1977.

MELLO, Maria Regina Ciparrone; MARSIGLIA, Cecília de; BARCELLAR, Nely Robles Reis. Fascículos **A história da energia elétrica em São Paulo.** São Paulo, CESP/IEB, 1986.

OLIVEIRA, Eduardo Romero de; SILVA Fernanda Henrique Aparecida da. Territórios e cidades: **Povoamento, ocupação de terras e tecnologia de transporte às margens do rio Paraná (1907-1957)**, São Paulo, p. 85-103, 2011. Disponível em: <https://www.academia.edu/27791344/Povoamento_ocupa%C3%A7%C3%A3o_de_terras_e_tecnologias_de_transporte_%C3%A0s_margens_do_rio_Paran%C3%A1_1907-1957>. Acesso em: 13 jul 2019.

OTA, Renata Rúbia, et al. Peixes da planície de inundação do alto rio Paraná e áreas adjacentes: revised, annotated and updated, Neotrop ichthyol. [online]. 2018, vol.16, n.2, e170094, Maringá. Disponível em: <http://www.scielo.br/pdf/ni/v16n2/1982-0224-ni-16-02-e170094.pdf>. Acesso em: 12 jul 2019.

TRABALHOS ACADÊMICOS

CABRERA, Jean Ítalo de Araújo. O espaço ocupado pelo homem pré-histórico no oeste paulista: o caso do sítio arqueológico Lagoa São Paulo – 02 no município de Presidente Epitácio – SP, 2015, 190f. Tese (Doutorado em Geografia) – Faculdade de Ciências e Tecnologia, Universidade Estadual Paulista, Campus Presidente Prudente, Presidente Prudente. Disponível em: <https://repositorio.unesp.br/bitstream/handle/11449/123857/000831437.pdf?sequence=1&isAllowed=y> Acesso em: 17 jun 2019.

DUTRA, Carlos Alberto dos Santos. O território ofaié pelos caminhos da história: reencontro e trajetória de um povo, 2004, 33f. Dissertação (Mestrado em História) – Universidade Federal do Mato Grosso do Sul, Campus Dourados. Dourados. Disponível em: <http://www.dominiopublico.gov.br/download/texto/cp000305.pdf>. Acesso em 24 jul 2019.

FORSTER, Ottilie Carolina. Impacto das arraias (Myliobatiformes: Potamotrygonidae) na população ribeirinha e demais frequentadores do alto curso do Rio Paraná e alguns afluentes, 2009, 86f. Dissertação (Mestrado em Zoologia) – Instituto de Biociências do Campus Botucatu, Universidade Júlio de Mesquita Filho, Botucatu. Disponível em: <https://repositorio.unesp.br/bitstream/handle/11449/99423/forster_oc_me_botib.pdf?sequence=1&isAllowed=y>. Acesso em 19 jul 2019.

LOPES, Carlos Miguel de Brum. Entender o conceito da justiça de John Rawls à luz da República Guarani.14f. Trabalho de conclusão de curso – Faculdade Jesuíta de Filosofia e Teologia, Belo Horizonte. Disponível em: <http://faje.edu.br/simposio2017/arquivos/comunicacoes/nao_doutores/Carlos%20Miguel%20de%20Brum%20Lopes.pdf>. Acesso em: 25 mai 2019.

SILVA, Daniel Elias da, et al. Itaipu, 2012, 48f. **Trabalho de conclusão (Curso de Engenharia Elétrica)** – Instituto Unificado de Ensino Superior Objetivo, Faculdade Objetivo, Campus T-2. Goiânia. Disponível em: <https://www.passeidireto.com/arquivo/21545741/trabalho-usina-de-itaipu>Acesso em: 28 jul 2019.

STEVAUX, José Cândido. O rio Paraná: geomorfogênese,

sedimentação e evolução quaternária do seu curso superior (região de Porto Rico, PR)**, 1994, 242f. Tese (Doutorado em Geologia Sedimentar) – Instituto de Geociências, Universidade de São Paulo, São Paulo. Disponível em: <http://www.teses.usp.br/teses/disponiveis/44/44136/tde-30062015-145032/pt-br.php>. Acesso em: 05 jul 2019.

ARTIGOS CIENTÍFICOS, REVISTAS E JORNAIS

BRAZIL, Maria do Carmo. O rio Paraguai e a guerra: contribuição para o ensino de história. In: SIMPÓSIO NACIONAL DE HISTÓRIA, 26., 2011, São Paulo. Anais São Paulo. Associação Nacional de História, 2011. Disponível em: <http://www.snh2011.anpuh.org/resources/anais/14/1313075762_ARQUIVO_MARIADOCARMOBRASIL_TEXTO_COMPLETO_ST_76_Versao_Agosto_2011.pdf>. Acesso em: 02 jun 2019.

CAVALCANTI, Flávio R. Estrada de ferro Mate Laranjeira: A primeira ferrovia do oeste do Paraná, Revista Centro-Oeste, n.87, Brasília,1994. Disponível em: <http://vfco.brazilia.jor.br/ferrovias/Rede-Viacao-Parana-Santa-Catarina-RVPSC/Estrada-de-Ferro-Mate-Laranjeira.shtml>. Acesso em: 03 jul 2019.

LANGEANI, F, et al. Diversidade da ictiofauna do Alto Rio Paraná: composição atual e perspectivas futuras. Biota Neotroca, v.7, n.3, p.181-197, Campinas, 2007. Disponível em: <http://www.scielo.br/pdf/bn/v7n3/19.pdf>. Acesso em: 23 jun 2019.

OLIVEIRA, Eduardo Romero de. Histórias de vida às margens do rio Paraná. Revista de História Regional, v.13, p. 191-220, Rosana, 2008. Disponível em: <http://www.revistas2.uepg.br/index.php/rhr/article/view/2275/1762>. Acesso em 15 jun 2019.

QUEIRÓZ, Paulo Roberto Cimó. A navegação na bacia do Paraná e a integração do antigo sul de Mato Grosso ao mercado nacional. Revista história econômica & história de empresas, Dourados, v.1, p. 165-197, 2004. Disponível em: <http://www.abphe.org.br/revista/index.php/rabphe/article/view/172/154>. Acesso em: 22 jul 2019.

SILENCIOSAS invasoras: Pesquisadores mergulham no rio Paraná para desvendar a ecologia da infestação de arraias que aproveitaram o lago da hidrelétrica de Itaipu para proliferar e ocupar outros ambientes, ameaçando banhistas e pescadores. Revista Unesp Ciência, São Paulo, ano 06, p.36-41, mar 2010. Disponível em: <http://www.unesp.br/aci/revista/ed06/pdf/UC_06_Estudo01.pdf>. Acesso em: 09 jun 2019.

SITES

CENSURA IMPEDIU MORTE DE HERÓI DE "FOGO SOBRE TERRA" PARA QUE ELE NÃO VIRASSE MÁRTIR ANTI-ITAIPU. UOL. Disponível em: <http://televisao.uol.com.br/noticias/redacao/2013/01/20/censura-impediu-morte-de-heroi-de-fogo-sobre-terra-para-que-ele-nao-virasse-martir.htm>. Acesso em: 17 jun 2019.

HELENA MEIRELLES. Enciclopédia Itaú Cultural. Disponível em: <http://enciclopedia.itaucultural.org.brpessoa452025/helena-meirelles>. Acesso em: 24 mai 2019.

HISTÓRIA DA CIDADE. Instituto de Previdência Municipal de Rubineia. Disponível em: <http://ipremrubineia.sp.gov.br/informacoes/historia-da-cidade>. Acesso em 10 jun 2019.

NO TEMPO DOS BANDEIRANTES. Novo Milênio. Disponível em: <http://www.novomilenio.inf.br/santos/h0380c17.htm#mapa>. Acesso em: 20 jul 2019.

O PODEROSO RIO PARANÁ. Ferdinando de Sousa. Disponível em: <https://ferdinandodesousacom/2018/03/27/o-poderoso-rio-parana/>. Acesso em 10 jul 2019.

PARANÁ, ORIGEM DO NOME. Vander Dissenha. Paraná, origem do nome. Disponível em: <https://vanderdissenha.wordpress.com/2010/06/17/vv/>. Acesso em: 15 mai 2019.

VOCÊ SABIA? QUE O IPT AJUDOU A CONSTRUIR A USINA HIDRELÉTRICA DE ITAIPU. IPT. Disponível em: <https://www.ipt.br/institucional/campanhas/5-voce_sabia_que_o_ipt_ajudou_a_construir_a_usina_hidreletrica_de_itaipu.htm> Acesso em: 22 jul 2019.

FILMES

DONA Helena – a dama da viola. Direção de Francisco de Paula, Labocine e Cinema Copiagens, Rio de Janeiro, 2004.

Créditos de fotografia

Abertura

1 Luciano Queiroz/Pulsar; **4** e **5** Ricardo Martins; **6** e **7** Ricardo Martins; **10** e **11** Ricardo Martins; **12** e **13** Daniel das Neves (mapa)

Como o gigante nasce

14 e **15** Ricardo Martins; **17** Ricardo Martins; **18** Sérgio Ranalli/Pulsar; **19** Luciano Queiroz/Pulsar; **20** e **21** Luciano Queiroz/Pulsar; **22** Neide Barroca; **23** Olavo Santilli/Neide Barroca; **23** Neide Barroca; **24** Ricardo Azoury/Pulsar; **25** DeAgostini/Getty Images; **26** Carlos Alberto Dutra; **26** Hercule Florence; **27** Hercule Florence; **28** Hercule Florence; **29** Hercule Florence; **30** Print Collector/Getty Images; **31** Arquivo Público do MS; **32** e **33** Comissão Geográfica e Geológica do Estado de São Paulo

Águas que movem o país

34 e **35** Ricardo Martins; **36** Divulgação; **37** Ricardo Martins; **38** e **39** Ricardo Martins; **40** e **41** Google Earth; **42** e **43** Edson Grandisoli; **44** e **45** Edson Grandisoli; **47** Luciano Queiroz/Pulsar; **47** Joel Rocha/Divulgação; **48** Henrique Manreza; **49** Ricardo Martins; **50** Folhapress; **51** Acervo Fundação Energia e Saneamento; **52** Acervo Fundação Energia e Saneamento; **53** Divulgação/IPT; **54** e **55** Juca Martins/Olhar Imagem; **57** Edson Grandisoli; **58** Danilo Fiuza; **59** Prefeitura de Rubineia; **60** Comissão Geográfica e Geológica do Estado de São Paulo; **61** Acervo Arquivo Nacional; **61** Danilo Fiuza

O rio cria oportunidades

62 e **63** Ricardo Martins; **64** e **65** Danilo Fiuza; **66** e **67** Ricardo Martins; **68** Cesar Diniz/Pulsar; **69** Unica/Divulgação; **70** e **71** Danilo Fiuza; **72** e **73** Ricardo Martins; **74** e **75** Ricardo Martins; **77** Cesar Diniz/Pulsar; **77** Thomaz Vita Neto/Pulsar; **79** Ricardo Martins; **80** e **81** Danilo Fiuza; **82** e **83** Ricardo Martins; **84** e **85** Danilo Fiuza; **86** e **87** Danilo Fiuza; **88** e **89** Danilo Fiuza; **91** Rui Mendes; **93** Guilherme Polidoro/Acervo Horizonte

Enfim com curso natural

94 e **95** Ricardo Martins; **97** Ricardo Martins; **98** e **99** Ricardo Martins; **100** e **101** Ricardo Martins; **102** e **103** Mariana Carneiro; **105** Ricardo Martins; **106** Mariana Carneiro; **107** Marcelo Krause; **108** e **109** Marcelo Krause; **110** Ricardo Martins; **111** Agência Estado; **113** Ricardo Martins; **114** e **115** André Dib/Pulsar

Caminhos diplomáticos

116 e **117** Getty Images; **119** Victor Meirelles/Museu Histórico Nacional; **119** DeAgostini/Getty Images; **120** e **121** Arquivo Público do Estado do MS; **123** Caio Coronel Acervo Itaipu Binacional; **123** Alexandre Marchetti Acervo Itaipu Binacional; **124** Ricardo Martins; **125** Ernesto Reghran/Pulsar; **126** Ricardo Martins; **127** Natália Martino/Acervo Horizonte; **128** e **129** Delfim Martins/Pulsar; **130** Acervo Horizonte; **131** André Dib/Pulsar; **132** e **133** Munique Bassoli/Pulsar; **134** Wikipedia Commons/Eby gov py; **135** Matyas Rehak/Dreamstime; **135** Diego Giudice/Bloomberg via Getty Images; **136** Jesse Kraft/Dreamstime; **137** DeAgostine Editore/Age Foto Stock/AGB Photo Library; **138** Nasa

Créditos de vídeo

Capa

Agência Bowie

Como o gigante nasce

22 Ana Carolina do Amaral

Águas que movem o país

39 Danilo Fiuza; **41** Danilo Fiuza; **56** Edson Grandisoli; **61** Carol Santana

O rio cria oportunidades

78 Ana Carolina do Amaral; **81** Danilo Fiuza (Parque Figueiral); **81** Ricardo Martins; **84** Danilo Fiuza; **90** M. Schmiedt e Elástica Filmes

Enfim com curso natural

101 Ana Carolina do Amaral; **106** Mariana Carneiro; **110** José Wille; **112** Carol Santana; **113** Ana Carolina do Amaral

Caminhos diplomáticos

122 Ricardo Martins; **125** Ricardo Martins

Links dos QR Codes (vídeos)

Capa http://bit.ly/booktrailer-rio-parana
22 http://bit.ly/pag-60-rio-parana
39 http://bit.ly/pag-39-rio-parana
41 http://bit.ly/pag-41-rio-parana
56 http://bit.ly/pag-56-rio-parana
61 http://bit.ly/pag-61-rio-parana
78 http://bit.ly/pag-78-rio-parana
81 http://bit.ly/pag-81a-rio-parana
81 http://bit.ly/pag-81b-rio-parana
84 http://bit.ly/pag-84-rio-parana
90 http://bit.ly/pag-90-rio-parana
101 http://bit.ly/pag-101-rio-parana
106 http://bit.ly/pag-106-rio-parana
110 http://bit.ly/pag-110-rio-parana
112 http://bit.ly/pag-112b-rio-parana
113 http://bit.ly/pag-113-rio-parana
122 http://bit.ly/pag-122-rio-parana
125 http://bit.ly/pag-125-rio-parana

Agradecimentos

Salete da Hora, Douglas Souza, Gabriela Toscano e **Juliana Lu,** da CTG Brasil

Tamires Amâncio e **Joel Rocha**, da Itaipu Binacional

Marta Glória dos Santos, da Biblioteca Florestan Fernandes USP

Flávio de Freitas, do Instituto de Pesquisas Tecnológicas (IPT)

Luís Geraldo Pereira, do Instituto Nacional de Pesquisas Espaciais (Inpe)

Ivan Carlos Baptiston, **Rafael Rodrigues Machado** e **Andreia Rigo**, do Parque Nacional do Iguaçu

Danieli Giovanini, da Fundação Energia e Saneamento

Fernando Pissuto, do Arquivo Público do Mato Grosso do Sul

Neide Barrocá Faccio, curadora do Museu de Arqueologia da Unesp em Presidente Prudente (SP)

Olavo Santilli, diretor do Museu de Arqueologia de Iepê (SP)

Cláudia Inês Parellada, arqueóloga do Museu Paranaense

Carlos Antonio Alves, da Engenharia Elétrica da Unesp, Campus Ilha Solteira

Suzane Lima Conceição, bibliotecária do Instituto Brasileiro de Geografia e Estatística

Dados Internacionais de Catalogação na Publicação (CIP)
(Câmara Brasileira do Livro, SP, Brasil)

Amaral, Ana Carolina do

Nas fronteiras do Rio Paraná / Ana Carolina do Amaral ; [fotografia Ricardo Martins ; mapa Daniel das Neves]. -- São Paulo : Editora Horizonte, 2019.

ISBN 978-85-88031-39-5

1. Paraná, Rio - Descrição 2. Rios - Brasil - Geografia 3. Rios - Brasil - História I. Martins, Ricardo. II. Neves, Daniel das. III. Título.

19-28028 CDD-918.162

Índices para catálogo sistemático:

1. Paraná : Rio : Geografia e história 918.162

Maria Paula C. Riyuzo - Bibliotecária - CRB-8/7639

COMMISSÃO GEOGR. E GEOL. DO EST. DE S.PAULO

Folha I

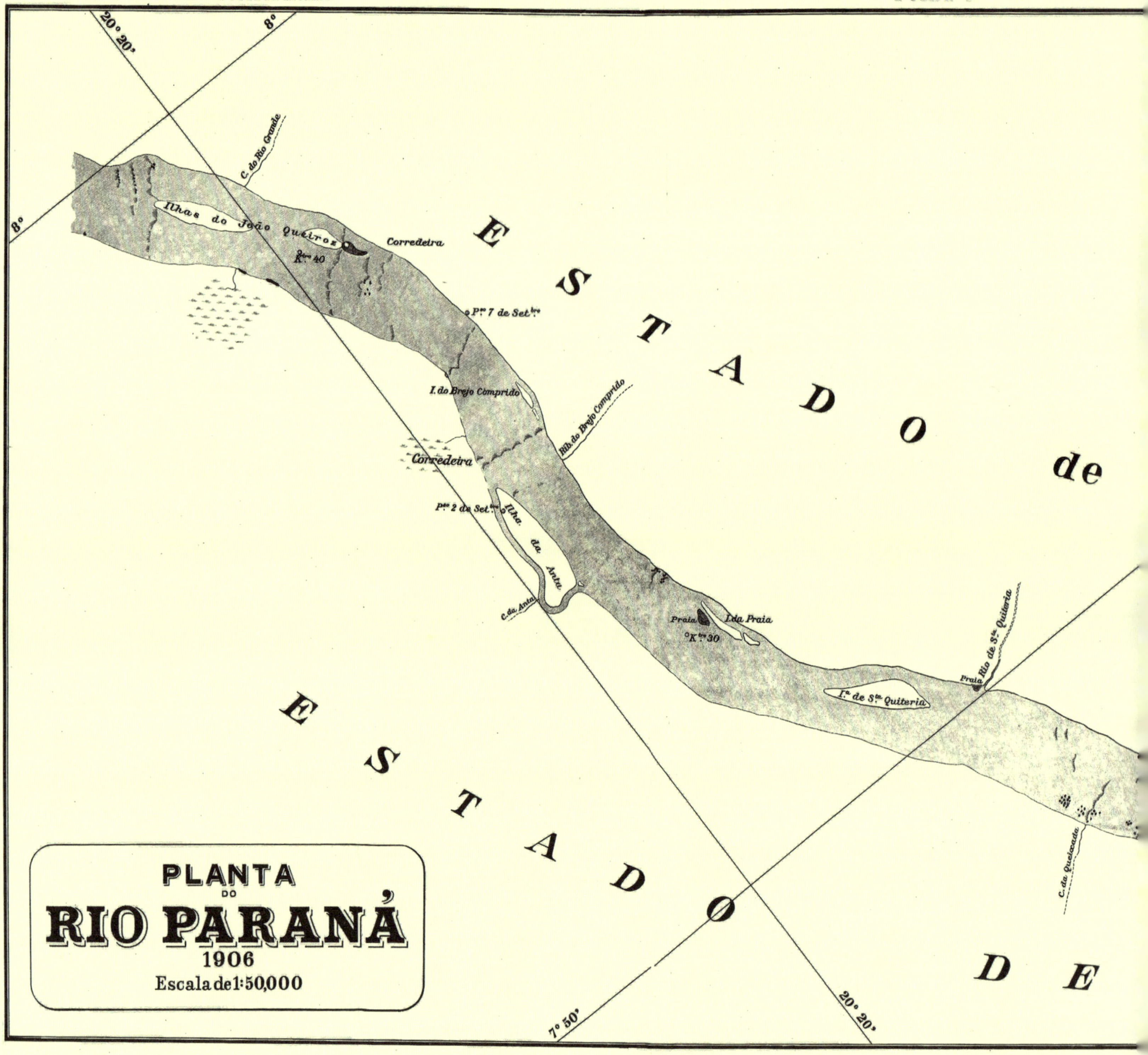